张亮采
[著]

中国风俗史

中国史略丛刊

中国书籍出版社
China Book Press

图书在版编目（CIP）数据

中国风俗史 / 张亮采著. -- 北京：中国书籍出版社，2020.4
（中国史略丛刊.第一辑）
ISBN 978-7-5068-7634-6

Ⅰ.①中… Ⅱ.①张… Ⅲ.①风俗习惯史—中国
Ⅳ.①K892

中国版本图书馆CIP数据核字(2019)第287779号

中国风俗史

张亮采 著

责任编辑	卢安然
责任印制	孙马飞　马　芝
封面设计	东方美迪
出版发行	中国书籍出版社
地　　址	北京市丰台区三路居路97号（邮编：100073）
电　　话	（010）52257143（总编室）　（010）52257140（发行部）
电子邮箱	eo@chinabp.com.cn
经　　销	全国新华书店
印　　刷	三河市华东印刷有限公司
开　　本	880毫米×1230毫米　1/32
字　　数	150千字
印　　张	6.5
版　　次	2020年4月第1版　2020年4月第1次印刷
书　　号	ISBN 978-7-5068-7634-6
定　　价	48.00元

版权所有　翻印必究

序　例

　　风俗乌乎始？始于未有人类以前。盖狉榛社会，蚩蚩动物，已自成为风俗。至有人类，则渐有群，而其群之多数人之性情、嗜好、言语、习惯常以累月经年，不知不觉，相演相嬗，成为一种之风俗。而入其风俗者，遂不免为所薰染，而难超出其限界之外。《记》曰：礼从宜，事从俗。谓如是则便，非是则不便也。圣人治天下，立法制礼，必因风俗之所宜。故中国之成文法，不外户役、婚姻、厩牧、仓库、市廛、关津、田宅、钱债、犯奸、盗贼等事，而惯习法居其大半。若吉凶之礼，则尝因其情而为之节文。无他，期于便民而已。虽然，风俗出于民情，则不能无所偏。应劭《风俗通》序曰：风者，天气有寒暖，地形有险易，水泉有美恶，草木有刚柔也。俗者，含血之类，象之而生，故言语歌谣异声，鼓舞动作殊形，或直或邪，或善或淫也。《尔雅·释地》曰：大平之人仁，丹穴之人智，大蒙之人信，空桐之人武。《鲁语》曰：沃土之民不材，瘠土之民向义，其不齐也若此。非有以均齐而改良之，则常为社会发达上之大障碍。而欲使风俗之均齐改良，决不能不先考察其异同，而考察风俗之观念以起。观念起而方法生，于是或征之于言语，或征之于文字，或征之于历史地理，或征之于诗歌音乐等。穷年累月,随时随地,以蒐集风俗上之故实,然后得其邪正强弱文野之故,而徐施其均齐改良之法。《礼·王制》:天子巡狩,至于岱宗,觐诸侯,见百年,命太师陈诗,以观民风俗。周秦常以岁八月遣𫐓轩之使,求异代方言,还奏籍之,藏于秘室。《诗》三百篇,言风俗最详,大半皆𫐓轩之所采也。盖已视风俗之考察,为政治上必要之端矣。而后世稗官野乘,及一切私家著述,亦于此三致意焉。亮采夙有改良风俗之志,未得猝遂,乃以考察为之权舆。又以为欲镜今俗,不可不先述古俗也。自惭荒陋,搜讨频年,东鳞西爪,杂碎弗捐。自开辟至前明,几千年风俗,粗具端末。虽芜杂谫陋,不值覆瓿,然正风俗以正人心,或亦保存国粹者之所许也。故述鄙意而举其例如下。

前人观察风俗,其眼光所注射,不外奢俭、劳逸、贞淫、忠孝、廉节、信实、仁让等方面,而尤以去奢崇俭,教忠教孝,为改良风俗之先著。历代帝王之诏令,士夫之训戒,每兢兢于此焉。是书亦存此意,故于各章列饮食、衣服、婚娶、丧葬等条,所以觇奢俭也;列忠义、名节、风节、廉耻等条,所以励忠节也。

诗歌乡评,为民情舆论之所发表。周采诗歌,汉魏六朝重乡评,公是公非,无所假借,此风俗之所由厚也。后世此意渐失,天子不采风,而民间亦无复存三代之直道。且见东汉党锢,成于标榜,辄引为清议之戒。不肖官绅,复以裁抑舆论为快事。故上德不宣,而民情难以上达,书中列诗歌、乡评、清议等条,欲据民情舆论,以知风俗之厚薄也。

淫祀巫觋之盛,固由于民智未开,而医药之不讲求,实为其总因。今酬神赛会，各省皆有此俗，而吴楚尤甚。然都会之地，及商业发达之区，商人藉神会以联商团，尚无足异。最可怪者，若吾萍及湖南土俗，有病必曰神为祟，辄延巫觋救治，不问其有无效验也。甚者求医药于神，冥冥何知，杂投温补，病者服之，即因而死，不归咎于神，但归之于命而已。于是木瘿石溜，动号神奇，持斋者死，辄云仙去。庙宇日增，斋匪日众，识者忧之，而当事者固置若罔闻也。故书中列淫祀、巫觋二条，以醒时俗。

风俗有为此时代所有，而为彼时代所无者，则仅著于此时代中。如周之阶级制度，周末之游说，魏晋南北朝之清谈、鲜卑语、门第流品，明之结社，是也。有为数时代所有，而非各时代所均有者，则仅著于数时代中。如周及魏晋南北朝之氏族，周末及汉唐之任侠刺客，是也。有为各时代所均有，而不必于各时代全列此条者，则仅著于一时代或数时代中。如周之蛊毒，周末之隐语，汉之佛道，魏晋南北朝之美术，唐之械斗游宴、斗鸡走马养鹰，明之势豪拳搏，汉明之奴婢，是也。

周末学术，汉代经学，宋代理学，亦一时风俗所趋，然究属学术史部分中。故于周末学风一条，略言其关系外，至宋代学风，则专论士习之坏焉。

言语随时代而异，即扬子《方言》所载，今就其地求之，往往不能通晓。非已失其语，则所传多讹。是书于各章之末，系以言语，亦从其时代而别也。且风俗所传，以言语为最确。如以《仪礼》"妇人侠床"为庖牺以前之遗语，即可知庖牺以前有男女杂乱之俗。（日本加藤宏之曰：蒲斯门人种，以同部女子为男子所公有，故无夫妇配偶之言。妇人、处子，语亦无所区别。按《仪礼·士丧礼》"妇人侠床"注：妇人谓妻妾子姓也。此亦语无区别，与蒲斯门种无殊，可断为庖牺以前之遗语。）因汉有"金不可作，世不可度"之谚，而知其俗好神仙。因六朝有"山川而能语，葬师食无所"之谚，而知其俗信风水，是也。故书中于言语一条，搜集独多。

风俗有附见各条，而未别行标目者，如鸦片附于周之蛊毒条，风水附于魏晋南北朝之丧葬条，火葬附于宋之丧葬条，是也。

各章首节之概论，有以当时人论说代之者。如汉之概论，以《史记·货殖传》、班氏《地理志》代之；明之概论，以《歙县志·风土论》代之，是也。

是书分四时代，自黄帝以前至周之中叶，为浑朴时代。固历史家所公认，不待赘说。自春秋至两汉，民情尚诈伪，行奸险，尊重势力，不讲道德，未若成周以上之浑朴，虽汉末名节之盛，不能掩也，故命为驳杂时代。自魏晋至五代，矜尚风流，奔竞势利，轻蔑礼法，不顾行检，以文词为事业，以科举为生涯，忠义衰而廉耻丧，故命为浮靡时代。自宋至明，有讲学诸儒，提倡实学，人知自励，尽洗五季之陋，仁人义士，清操直节，相望于数百年间，而负社会之责任者，不可胜数也，故命为由浮靡而趋敦朴时代。

宣统二年九月既望萍乡张亮采识于皖江之寄傲轩

目 录

序 例 / 1

第一编 浑朴时代 / 1

第一章 黄帝以前 / 3

第一节 太古人民之饮食衣服居处 ………… 3
第二节 畜牧 ………… 4
第三节 农耕 ………… 5
第四节 贸易 ………… 5
第五节 金属器物之使用 ………… 6
第六节 婚姻 ………… 7
第七节 丧葬祭祀 ………… 8
第八节 歌舞 ………… 9

第二章 黄帝至夏商 / 11

第一节 饮食衣服 ………… 11
第二节 宫室 ………… 12
第三节 文字 ………… 12
第四节 漆器陶器之使用 ………… 13
第五节 人民之程度 ………… 14
第六节 婚姻 ………… 19
第七节 丧葬 ………… 19
第八节 祭祀 ………… 20
第九节 养老 ………… 21
第十节 谚语 ………… 22

第三章　周初至周之中叶 / 23

第一节　概论 …………………………… 23
第二节　饮食 …………………………… 24
第三节　衣服 …………………………… 25
第四节　阶级制度 ……………………… 26
第五节　家族主义 ……………………… 27
第六节　名姓氏族之辨 ………………… 27
第七节　冠婚 …………………………… 28
第八节　乡饮酒养老 …………………… 30
第九节　丧葬 …………………………… 30
第十节　祭祀 …………………………… 32
第十一节　蛊毒 ………………………… 32
第十二节　言语 ………………………… 34

第二编　驳杂时代 / 39

第一章　春秋战国 / 41

第一节　概论 …………………………… 41
第二节　阶级制度之破坏 ……………… 42
第三节　义侠 …………………………… 43
第四节　游说 …………………………… 44
第五节　周末之学风 …………………… 45
第六节　周末人民之程度 ……………… 46
第七节　婚姻废礼及春秋时变礼之始 … 50
第八节　淫祀渐兴 ……………………… 52
第九节　谚语见道 ……………………… 53
第十节　隐语之起原 …………………… 54

第二章　两汉 / 55

第一节　概论 …………………………… 55

第二节　饮食 …………………… 59
第三节　衣服 …………………… 60
第四节　仕宦之一班 …………… 61
第五节　任侠刺客 ……………… 62
第六节　家法 …………………… 64
第七节　分居 …………………… 65
第八节　居乡 …………………… 67
第九节　乡评 …………………… 69
第十节　婚娶 …………………… 70
第十一节　丧葬 ………………… 71
第十二节　淫祀 ………………… 73
第十三节　佛道 ………………… 74
第十四节　奴婢 ………………… 75
第十五节　诗歌 ………………… 76
第十六节　言语 ………………… 78
第十七节　汉末风俗之复古 …… 92

第三编　浮靡时代（浊乱时代）／93

第一章　魏晋南北朝隋／95

第一节　清议 …………………… 95
第二节　流品 …………………… 96
第三节　门第 …………………… 96
第四节　氏族及名字 …………… 97
第五节　仕宦 …………………… 99
第六节　名节 …………………… 100
第七节　清谈 …………………… 101
第八节　佛老 …………………… 102
第九节　鲜卑语 ………………… 103
第十节　美术 …………………… 103
第十一节　婚娶 ………………… 104

第十二节　丧葬 …………………… 106
第十三节　言语 …………………… 108

第二章　唐／118

第一节　概论 …………………… 118
第二节　饮食 …………………… 118
第三节　衣服 …………………… 120
第四节　科举之观念及仕宦之现影 …… 121
第五节　忠义之缺乏 …………………… 123
第六节　人民之规避税役 …………… 124
第七节　朋党 …………………… 125
第八节　清议 …………………… 125
第九节　氏族 …………………… 126
第十节　家法 …………………… 127
第十一节　婚娶 …………………… 128
第十二节　赌博 …………………… 129
第十三节　斗鸡走马养鹰 …………… 130
第十四节　游宴 …………………… 131
第十五节　任侠刺客 ………………… 132
第十六节　械斗 …………………… 132
第十七节　巫觋 …………………… 133
第十八节　言语 …………………… 134

第三章　五代／144

第一节　概论 …………………… 144
第二节　氏族及名字 ………………… 145
第三节　言语 …………………… 146

第四编　由浮靡而趋敦朴时代／147

第一章　宋／149

第一节　概论 …………………… 149
第二节　饮食 …………………… 149
第三节　衣服 …………………… 150
第四节　忠义 …………………… 151
第五节　廉耻 …………………… 154
第六节　学风 …………………… 154
第七节　婚娶 …………………… 156
第八节　丧葬 …………………… 157
第九节　巫觋 …………………… 159
第十节　言语 …………………… 160

第二章　辽金元／166

第一节　概论 …………………… 166
第二节　崇重忠义 ……………… 167
第三节　好尚儒雅 ……………… 167
第四节　人民之性质 …………… 168
第五节　方言 …………………… 169

第三章　明／173

第一节　概论 …………………… 173
第二节　仕宦骄横 ……………… 174
第三节　才士傲诞 ……………… 174
第四节　势豪虐民 ……………… 175
第五节　官民交通 ……………… 177
第六节　奸豪胥役与词讼 ……… 178

第七节　结社 …………………… 180
第八节　风节 …………………… 181
第九节　朋党 …………………… 182
第十节　忠义 …………………… 183
第十一节　衣服 ………………… 184
第十二节　丧葬 ………………… 186
第十三节　淫祀与巫觋 ………… 187
第十四节　奴婢 ………………… 189
第十五节　赌博 ………………… 190
第十六节　拳搏 ………………… 191

[第一编] 浑朴时代

第一章　黄帝以前

第一节　太古人民之饮食衣服居处

《礼·礼运》：昔者先王未有宫室，冬则居营窟，夏则居橧巢。未有火化，食草木之实、鸟兽之肉，饮其血，茹其毛。未有麻丝，衣其羽皮。后圣有作，然后修火之利。盖巢穴为初民之居处。而其饮食，则由果食时代，进而为鲜食时代，再进而为艰食，则神农氏时也。火化始于燧人，民间渐脱茹毛饮血之俗矣。太古之民，被发卉服，蔽前而不蔽后。其后辰放氏时，始知搴木茹皮以御风霜，绚发冒首以去灵雨，号曰衣皮之民。至神农时，纺织麻枲，则皮服之俗已变而为布服。不过至黄帝时，而衣裳冠冕始备耳。

谨按：饮食为人类生存竞争之要素，故无之则争且乱，有之则足以平争而止乱，《礼·礼运》谓为人之大欲。而近儒仁和龚氏（名自珍，号定庵），以能饮食民为帝者之始。谅哉言也。彼庖牺、神农、后稷，皆被其饮食者所上之徽号；而尧之游康衢，至闻耕食凿饮之歌。又史称赫胥氏之民，鼓腹而游，含哺而喜；无怀氏之民，甘食而乐居，怀土而重生，亦可见民间生活问题之关系不小矣。且太古国家，无君之名称，只有酋长。酋本绎酒（《说文》），引伸之则以酒官为大酋。（《礼·月令》：乃命大酋。）酒尊之尊上从酋。《尔雅·释文》引《说文》，训酒官法度，而引伸之则为高为贵。（《广雅·释诂》：尊，高也。汉赵岐《孟子注》：尊，贵也。）齐之稷下犹称长者为祭酒，后人称天子为至尊，是也。酒为饮食后起之事，有酒则饮食之饶足可知。故酋长亦即所以纪念其能饮食民之意耳。近世民族帝国主义发生，各国政策，全注射于殖民之点。殖民云者，质言之即为民谋食也。至于讲求饮食卫生，犹其后焉者耳。然则饮食不但足以觇风俗之奢俭，亦可以考世运之隆替矣。

第二节　畜牧

　　太古之民，多取天然物以为食。禽兽亦天然物之一种也，狩猎时代，于焉仰足。然狩猎不可必得，得之亦不胜劳苦。且今日得之，今日食之，明日苟不从事狩猎，则不得食也。于是积多少之经验，始知牛羊犬马鸡豕等类，易为我所生得者之易于驯服（家畜之始，必先将所生得者圈之于家，食之有余则供玩具，以此渐得考察其性质。英人甄克思谓搴扰之事，始于择禽以为玩好，至饥不可忍，则杀而飨之，由是知畜牲可以御饥），遂定为家畜之种，常畜之于家，遇狩猎不足之时，取而用之。然后禽兽始为我所常有，种类孳息，不待狩猎而饶足，是为游牧时代。此时代殆始于庖牺氏时，绎庖牺之名义，而知庖牺固教民畜牧者也。

第三节　农耕

游牧之世，民随水草迁徙，土著绝少。至神农氏时，民始知播殖五谷，则行国变为居国。且畜牧必择善地，而农耕随地皆宜。肉食有时生病，谷食不惟不生病，并能养人而却病，非多经考验不克知此。畜牧成效易睹，农耕之收获，必历三时，非民智大开，不能确信而耐久。中国以农立国，而风气早开于是时，由是安土重迁，井里酿成仁让之俗。五谷之食，利赖至今，非偶然也。

第四节　贸易

狩猎时代，全社会衣食相同，无所谓有无，即无所谓交易。至由狩猎而畜牧，由畜牧而耕稼。耕稼时代，不能遽废狩猎畜牧之事。狩猎畜牧者不必耕稼，则于粒食常不足；耕稼者不必狩猎畜牧，则于肉食常不足。既不足矣，于是有无不得不交通，而贸易之事以起。《易·系辞》言：神农日中为市，致天下之民，集天下之货，交易而退，各得其所，是也。然当时货币未兴，除以物交易外，大概山居之民，交易以皮；水居之民，交易以贝。故皮贝即为当时之货币。观汉时尚以皮为币，而财贿宝贵等字皆从贝，可以知矣。

第五节　金属器物之使用

　　近世地质学家，考太古人民进化之度，谓必经过石器时代，而后入金属时代。金属时代之初，又必先经铁器时代，而后入铜器时代。盖草昧初开，为防敌御兽而武器重。为渴饮饥食，而饮食之器、耕作之器起。饮食之器，由窐尊、抔饮、土簋、土铏，易之以陶匏。而解剖牺牲，不能不借助于庖刀，刀固须金属也。耕作之器，有耒耜，有锄耨，有斧斤。锄耨斧斤，亦须金属也。武器以防敌御兽，兼为狩猎之利技。民智未开，只知用石。至燧人氏铸金作刃，其时必发五金之矿。故由用石时代，突入用金时代，至庖牺时遂有干戈，神农时遂有斤斧，而蚩尤之铠刀剑矛戟大弩，此其滥觞矣。

第六节　婚姻

上古杂昏时代，以女子为一国男子所公有。（《社会通诠》注云：蛮夷男子，于所婚图腾之女子，同妻行者皆其妻也。女子于所嫁图腾之男子，同夫行者皆其夫也。凡妻之子女皆夫之子女也。其同图腾同辈行，则兄弟姊妹也。与其母同图腾同辈行，则诸父诸母也。母重于父，视母而得其相承之宗。）故几蘧氏之民，知有母而不知有父。（《亢仓子》、《风俗通》，说皆同。）因之血统相续，咸以女而不以男。而姓字从女从生，即古代帝王，大抵从母得姓。如神农、黄帝，皆为少典之后裔，而神农姓姜，黄帝姓姬，则以母姓不同之故耳。其于妇女也，视之如奴婢；亡国之民，降为臣妾，后世犹然。此时妇女，多因战胜他族，俘虏而来，故以奴婢待之。此外又有摽掠妇女之俗。其摽掠必以昏夜，所以乘妇家之不备。（婚之从昏，谓以昏时行礼，古则以昏摽掠。）今以《士昏礼》观之，犹有摽掠之遗义。（《社会通诠》曰：欧俗嫁娶，为夫傧相者称良士，此古助人夺妇者也。为新妇保介者曰扶娘，此古助人扞贼者也。若《士昏礼》之婿行亲迎，必以从车载从者；妇入夫门，有姆有嫂，咸从妇行，非即古时助人夺妇，助人扞贼之遗俗乎？）然摽掠与俘虏，固即当时婚礼也。至庖牺制为俪皮之礼，则易摽掠而为买卖矣。古者以皮为货币，俪皮为礼，乃所以酬此女之值。周时婚礼，除纳征用元纁、束帛、俪皮外，纳采、问名、纳吉，皆奠雁。则以畜偿值，又以皮偿值之一变俗也。既以买卖妇女为婚姻，则无同姓异姓之辨，更不待言矣。按俚俗每于春时合邻峒男女，束装来游，携手并肩，互歌相答，名曰作剧。有乘时为婚合者，父母率从无禁。又每村男女众多，必设一楼，登必用梯，名曰阑房。遇晚，村中幼男女，尽驻其上，听其自相谐偶，非即太古风俗之现影欤？

第七节　丧葬祭祀

孟子谓：上世尝有不葬其亲者，其亲死则举而委之于壑。《易·系辞》：古之葬者，厚衣之以薪，葬之中野。唐杜氏《通典》，谓此即太古之凶礼。盖棺椁未备之时，固应如此。太古民智未开，其神权之迷信甚深。八蜡始于神农，其祭也至于迎猫虎。虽重农主义，亦因民也。又泰壹氏尝正神明之位，神民氏使神民异业，盖多神教。凡物教之盛行于是时，可意想而知矣。

第八节　歌舞

　　凡音之起，由人心生也。人心之动，物使之然也。感于物而动，故形于声；声相应，故生变，变成方谓之音。（《乐记》）音者，歌之所从出也。歌者，所以补言之不足也。太古之民，言语渐次发达，遂不知不觉，而衍为声歌，以发抒其心意。东户氏时，民间之歌，已能乐而不淫。至祝融氏，听弇州之鸣鸟而作乐歌，亦不过以此定为民间之标准耳。且三人操牛尾，投足以歌八阕，葛天氏之乐也，投足则已具有舞之神情矣。阴康氏作乐舞，以救民气郁阏、筋骨瑟缩之患，则又注意体育，开后世舞勺舞象之风焉。《文子》（《精诚篇》）曰：听其言则知其风，观其乐则知其俗。当时之歌词，传自民间者，如伏羲网罟之歌，神农丰年之咏。（《太平御览》五百七十一，引夏侯元《辩乐论》曰：伏羲氏因民兴利，教民田渔，天下归之，时则有网罟之歌。神农继之，教民食谷，时则有丰年之咏。《唐文粹·元结补乐歌十编》：网罟，伏羲氏之乐歌也。其义盖称伏羲能易人取禽兽之劳，歌辞曰：吾人苦兮水深深，网罟设兮水不深。吾人苦兮山幽幽，网罟设兮山不幽。丰年，神农氏之乐歌也。其义盖称神农教人播殖之功。辞曰：猗大帝兮其智如神，分华实兮济我生人。猗大帝兮其功如天，均四时兮成我丰年。）皆表扬其君主，最有益于民生之事业。盖自古至今，凡君主最有益于民生之事业，民间常不能忘,而传为歌咏。而网罟、丰年,皆关于饮食问题,以此可察知当时民情之趋向矣。

附太古帝王表

循蜚纪

巨灵氏　句疆氏　谯明氏　涿光氏　钩陈氏
黄神氏　钜神氏　犁灵氏　大騩氏　鬼騩氏
弇兹氏　泰逢氏　冉相氏　盖盈氏　大敦氏
灵阳氏　巫常氏　泰壹氏　空桑氏　神民氏
猗帝氏　次民氏

因提纪

辰放氏　蜀山氏　豗傀氏　混沌氏　东户氏
皇覃氏　启统氏　吉夷氏　几蘧氏　豨韦氏
大巢氏　燧人氏

禅通纪

轩辕氏(非黄帝)　祝融氏　庖牺氏　女娲氏
柏皇氏　中央氏　大庭氏　栗陆氏　骊连氏
混敦氏　赫胥氏　尊卢氏　皞英氏　有巢氏
朱襄氏　葛天氏　阴康氏　无怀氏

相传自开辟至获麟,二百七十六万岁。分为九头、五龙、摄提、合雒、连通、叙命、循蜚、因提、禅通、疏仡十纪。疏仡纪自黄帝始。

第二章　黄帝至夏商

第一节　饮食衣服

　　饮食不外肉食谷食两种。(《尚书·益稷谟》：奏庶艰食鲜食。《汲冢周书》：黄帝始炊谷为饭。)而橘柚酒醴，已登食品。(橘柚见《禹贡》。酒为夏禹时仪狄所发明。)嗜酒之俗自上倡之。禹虽恶旨酒，而有酗酒之戒。(《五子之歌》)而自太康、羲和及桀，皆淫湎于酒，桀竟以此亡国。殷纣嗜酒，沫土化之。成王封康叔于卫，至命周公作《酒诰》以警戒之。盖酒害之中于风俗，非一日矣。其时烹调之法，常用盐梅为之助。(《尚书·说命下》：若作和羹，尔惟盐梅。)故割烹要汤，虽系诬圣之言，然亦可见当时之研究烹饪也。育蚕之事始黄帝，而衣裳冠冕，亦起于是时。《易·系辞》：黄帝、尧、舜垂衣裳而天下治，是也。文明日启，则华丽日增。故即尧时之山龙藻火，知民间之绘绣已工。即禹时之织文、织贝、纤缟、缔纻、元纁、玑组、纤纩等贡物，知民间之纺织已精。其时又有皮服(《禹贡》：岛夷皮服)、卉服(《禹贡》孔疏：卉服是草服葛越也。葛越，南方布名，用葛为之）、毛罽（《禹贡》：熊罴、狐狸织皮。孔疏，以织皮为毛罽）以供常用。有羽毛、齿革、球琳、琅玕以为服饰。盖渐洗洪荒之陋矣。

第二节　宫室

　　宫室之制，起于黄帝。《管子》：黄帝有合宫；《白虎通》：黄帝作宫室避寒湿，是也。黄帝又创楼阁明堂之制。汉武帝时方士言黄帝为五城十二楼，《帝王世纪》黄帝之时凤凰巢于阿阁，《史记·封禅书》济南人公玉带上黄帝时明堂图，可证。至夏殷时，则宫室更以壮丽为尚。观桀殚民财，造琼宫瑶台；纣实财鹿台为琼室玉门，作沙邱宛台为游宴之所：足见一班矣。盖君主之建设，民间常受其影响，以渐为风气。故即其时君主宫室之美，可知民间宫室之不甚相远也。

第三节　文字

　　《易·系辞》：上古结绳而治，后世圣人易之以书契，百官以治，万民以察。案结绳之治，盖在燧人氏时。书契之作，实始伏羲。（伏羲画卦即字，如乾☰为天字，坤☷为地字（《汉书》坤作巛），坎☵为水字（今水尚作巛）。与巴比仑楔形文字之𐎛二、𐎛𐎛三、▽四、▼八、◁十、◁𐎛𐎛廿三等字，以阳爻示奇数之一、阴爻示偶数之二者正同。近人考《易》为古代字典，谓《易》之文皆所以解释古字。）至黄帝之史仓颉，始作六书，民间用以记事，即讴歌亦藉以流传。名物称谓，并得表著，以供后人之考究。不但一洗结绳之陋已也，文字为智识之搬运具，而此时之民已利用之，殊堪骇绝。

第四节　漆器陶器之使用

《尚书·禹贡》：厥贡漆丝。《子华子》：尧不以土阶为陋。而有虞氏惕戒于涂髹。髹，漆器也。盖有虞氏作漆，布漆于器，而后世始有漆工焉。陶窑字古止作匋，外从勹，象形；内从缶，指事也。《说文》曰：古者昆吾作匋。其说出于《世本》，亦见《吕览》。按昆吾国名，即春秋卫地，所谓昆吾之墟也。卫地滨河，虞舜陶于河滨，或即在是欤。据高诱《吕览》注、韦昭《国语》注，昆吾为己姓始封之君，吴回禄之孙，陆终之子，时代实在舜前。作陶者当即其人。而或以昆吾后裔，为汤所灭者当之，误矣。《考工记》曰：有虞氏上陶。盖自器不苦窳以来，瓦瓯泰尊，名详礼器，啜型饭熘，用达宫廷。厥后世传其业，阏父入周犹为陶正，有自来矣。

第五节　人民之程度

（甲）民之好恶。《左传》文十八年季文子论莒仆篇：昔高阳氏有才子八人，齐、圣、广、渊、明、允、笃、诚，天下之民谓之八恺。高辛氏有才子八人，忠、肃、共、懿、宣、慈、惠、和，天下之民谓之八元。帝鸿氏有不才子掩义隐贼、好行凶德、丑类恶物、顽嚚不友、是与比周，天下之民谓之浑敦。少皞氏有不才子毁信废忠、崇饰恶言、靖谮庸回、服谗搜慝、以诬盛德，天下之民谓之穷奇。颛顼氏有不才子不可教训、不知话言、教之则顽、舍之则嚚、傲很明德以乱天常，天下之民谓之梼杌。缙云氏有不才子贪于饮食、冒于货贿、侵欲崇侈、不可盈厌、聚敛积实、不知纪极、不分孤寡、不恤穷匮，天下之民谓之饕餮。元恺、四凶皆出自民间之舆论，舜能举之去之，遂为天下所戴，民情大可见矣。近世群学家言：欲善其群，必先去一群之蠹。四凶，民之蠹也，而民恶之，必除之以为快，已有自善其群之观念。且既以贪食、黩货、不分财、恤穷为恶，则深恶利己主义，而尚公德、谋公益、均财产、营共同生活之观念生；以掩义、毁信、不可教训、比丑类、诬盛德为恶，则注重道德，而保全善类、服从教训之观念生。社会之裁制，固易于得力也。

（乙）民之自爱。刑法起于后世，所以济教化之穷也。唐虞之民，皆服教而畏威。故舜之五刑，不过用三苗所制之名号，实常以象刑养人廉耻。《尚书·益稷谟》：方施象刑惟明。《太平御览》引《慎子》云：唐虞象刑，犯墨者蒙皂巾，犯劓者赤其衣，犯膑者以墨蒙其膑处而画之，犯宫者履杂菲，犯大辟者衣无领。（《北堂书钞》引《书大传》，略同。）然则民知自爱，五刑正可不设也。至夏则有牢狱之制（夏台即圜土），有杀戮之法（《左传》昭十年叔向引《夏书》曰：昏墨贼杀，皋陶之刑也。今《夏书》无此文。盖世益变而法益严，不得不用刑。特夏人制之，而托之于皋陶耳），商汤则有官刑墨刑（《伊训》臣下不匡其刑墨），以警官吏之陷于三风十愆者。而三风中之恒舞酣歌、殉货色、比顽童，与禹戒之酣酒、嗜音、内作色荒同意。当时此种风气，必已传染于民间，盖上有好者下必甚焉。官刑之作，治官即所以治民也。然夏商之民，虽不及唐虞，要其干犯法禁者鲜矣。

（丙）民之戴上及爱国。《孟子》言：尧崩三年之丧毕，舜避尧之子于南河之南。天下朝觐讼狱者，不之尧之子而之舜；讴歌者，不讴歌尧之子而讴歌舜。舜崩三年之丧毕，禹避舜之子于阳城，天下之民从之。若尧崩之后，不从尧之子而从舜也。禹崩三年之丧毕，益避禹之子于箕山之阴。朝觐讼狱者，不之益而之启，曰：吾君之子也。讴歌者，不讴歌益而讴歌启，曰：吾君之子也。盖尧舜禹以天下为公，民亦仰体其意，注重于进贤，不斤斤于传子与不传子也。然以民情之倾向，始得定传贤传子之局，其势力亦不小矣。

夏太康失德，有穷后羿（有穷，国名）因民弗忍拒于河。（《尚书·五子之歌》）夏后相避羿，羿因夏民而代夏政。少康居纶（邑名），有田一成，有众一旅（方十里为成，五百人为旅），能布其德而兆其谋，以收夏众，卒复禹绩。（并见《春秋》襄四年及哀元年传。）盖凡欲灭人之国家者，必因其民有郁而必发之势，然后从而为之发动，则其势自如摧枯而拉朽。汤因夏民有"时日曷丧，予及尔偕亡"之语，而始伐夏。汤之未伐夏也，先征葛，因葛伯仇饷而民怨之也。由是东征西夷怨，南征北狄怨。曰：奚独后予？攸徂之民，室家相庆。曰：徯我后，后来其苏。诚有如孟子所谓若大旱之望云霓者。纣之无道，小民与为敌仇。武王伐纣誓师，因引"抚我则后，虐我则仇"之古言，而直指纣曰"乃尔世仇"，以激动民心，遂有倒戈之事，此其明征也。羿之因夏民代夏政，似后世莽、操之所为，而其因民弗忍，固未尝不假仁义以燠咻之也。夏民之从之也，偶然也，勉强也，爱国之心未尝泯也。故少康以夏裔而图恢复，遂能号召忠义，以一成一旅而建中兴。盖爱国心即国魂，宜其一呼而凛凛有生气也。且国之亡也，必有暴君如桀纣以招民怨，然后民离之。夏后相未闻失德，而羿灭其国，民安得不有反正之意。况即暴君可恶，而民之恶暴君，尚不如其爱祖国也。纣之凶恶，民可以倒戈。然既为周民，常有狡焉思逞之事，武庚因此畔周，周公东征三年而始克之。宋儒王氏伯厚曰：商之泽深矣。周既剪商，既历三纪，而民思商不衰。考之《周书》，《梓材》谓之迷民，《召诰》谓之仇民，不敢有怨疾之心焉。盖皆商之忠臣义士也。至《毕命》始谓之顽民。然犹曰邦之安危惟兹殷士，兢兢不敢忽也。盖周人对于商民之爱国，不但畏之，而且敬之也。若夫箕子感故宫禾黍，作《麦秀之歌》；（《史记》：箕子朝周过故殷墟，感宫室毁坏生禾黍，箕子伤之。欲哭则不可，欲泣为其近妇人，乃作《麦秀之歌》。其词曰：麦秀渐渐兮禾黍油油，彼狡童兮不与我好兮。）夷、齐不食周粟，作《采薇之歌》，（《史记》：武王平殷乱，天下宗周，伯夷、叔齐耻之，义不食周粟，采薇首阳山，饿且死作歌，其词曰：登彼西山兮，采其薇矣。以暴易暴兮，不知其非矣。神农虞夏，忽焉没兮，我安适归矣。吁嗟徂兮，命之衰矣。）尤仁人君子所闻而心恻者。

《尚书·尧典》：黎民于变时雍。雍者，和也，谓风俗大和也。是以击壤之歌（《帝王世纪》：帝尧之世，天下大和。百姓无事，有老人击壤而歌，其辞曰：日出而作，日入而息。凿井而饮，耕田而食，帝力于我何有哉！）、康衢之谣（《列子》：尧游于康衢以察民情，有儿童谣曰：立我烝民，莫匪尔极。不识不知，顺帝之则。），忘帝力，顺帝则，其戴上之忱，诚有如瞻云而就日者。华封人之戴舜，而祝舜以"富寿多男"也，（舜观于华，华封人祝曰：使圣人富寿多男子。帝曰：多男多惧，富则多事，寿则多辱。封人曰：天生烝民，必授之以职。多男而授之职，何惧之有？富而使人分之，何事之有？天下有道，与物皆昌。天下无道，修德就闲。千岁厌世，去而上仙，乘彼白云，还于帝乡，何辱之有？）注意于生命财产及种族之发达。又云："多男授职"，其目的务使人人各尽其天职，以担任家庭社会义务，决不令子弟游惰，致以分利而阻社会之进步。又云："富而分人"，其目的在广布公益公德（如今善堂工场及各种义举之类），深有合于今日生计学家捌母财养劳动者之主义，可为当日社会思想之代表。以此寿君上，虽南山之颂，何以过之？至于黄帝龙衮之颂（《太平御览》五百七十一引夏侯元《辩乐论》曰：黄帝备物，始垂衣裳，时则有龙衮之颂），夏禹《大化》、《大训》、《六府》、《九原》之歌（《尚书大传》曰：歌《大化》、《大训》、《六府》、《九原》，而夏道兴。郑注谓此四章皆歌禹之功），皆不能忘其君上之功德，乃作为歌颂以纪念之也。

（丁）民之参预政事。《周礼》小司寇之职，掌外朝之政以致万民而询焉。一曰询国危，二曰询国迁，三曰询立君，是人民参预政事也，而其事实始于唐虞。《尚书·大禹谟》帝曰：禹，官占，惟先蔽志，昆命于元龟。《孔传》：蔽，断也，官占之法。先断人志，后命于元龟。孔疏引《洪范》谋及乃心，谋及卿士，谋及庶人，以释先断人志。然则舜之传位于禹，固曾谋及庶人也。夏时谋及庶人之事，虽不可考，然禹得《洪范》之传，必能施诸实际。若盘庚之诞告有众，咸造在王庭，尤其彰彰者。总之，自唐虞以来，人民有参预政事之能力，可断言也。

虞帝之教，其君子尊仁畏义，耻费轻实。夏民之敝，蠢而愚，乔而野，朴而不文。殷民之敝，荡而不静，胜而无耻。（孔子之言，见《礼·表记》）

第六节　婚姻

　　无同姓异姓之别，如颛顼女女修为伯益之曾祖母，尧二女嫁舜，皆同姓连婚，是也。娶妻甚早，故三十不娶便谓之鳏。如《尚书·尧典》称有鳏在下曰虞舜（舜时年方三十，《舜典》：舜生三十征庸），是也。一夫娶数妇，姊妹嫁于一夫，无嫡庶之分。如舜妻尧二女，夏少康娶虞思二姚，是也。有赠嫁之奁，如尧以女妻舜，并备牛羊仓廪，是也。至于馆甥贰室，乃作婿之韵事，嫁女而天下随之，尧之相攸尤特别焉。

第七节　丧葬

　　父母之丧三年。舜崩，百姓如丧考妣三年（《孟子》），是也。有棺椁。《礼·檀弓》言有虞氏瓦棺，夏后氏堲周，殷人棺椁，是也。有坟墓。《黄帝内传》：帝斩蚩尤，因置坟墓。《汉书·地理志》：济阴成阳有尧冢。（《皇览》又《帝王世纪》说同）《春秋》僖三十二年传：其南陵夏后皋之墓也。（皋，夏桀之祖父）《史记·殷本纪》裴骃集解引《皇览》曰：汤冢在济阴亳县北东郭，冢四方，方各十步，高七尺。《尚书·牧誓》封比干墓，是也。有墓铭。唐开元四年，偃师耕者得比干之墓，铜盘篆文，有"右林左泉，后冈前进"云云（周益公跋王献之《保母碑》引此），是也。夫妇不合葬。《礼·檀弓》：舜葬于苍梧之野，盖三妃未之从也。郑注：古者不合葬。孔疏：从，犹就也。古不合葬。故舜之三妃，不就苍梧与舜合葬也。

第八节　祭祀

黄帝作合宫以祀上帝，接万灵，立天神地祇。物类之官，各司其序，使民神异业。自少暤氏之衰，九黎乱德，民神杂糅，家为巫史（黎，苗也。苗俗信鬼，至今犹然），神权迷信，牢不可破。至颛顼时，有南正重司天以属神，北正黎司地以属民，民间乃复故常，不相侵渎。舜巡狩五岳，禋于六宗，望于山川，遍于群神。大概我国古时，以天为万能有力之主宰，谓平生所为事业，悉出于天之支配。遭凶祸，则曰天罚而谢之；遇幸福，则曰天佑而拜之。因此遂有祭天之事。而祭有一定之季节，又有一定之牺牲，然亦有临时特别祭之者，次于天之祭者。有四时、寒暑、日月、星辰、水旱等，曰六宗之祀。次于六宗者，有群神之祭、山川之祭。当时所祭之山川，则为泰、霍、华、恒、嵩五岳，江、淮、河、济四渎。此外蜡及祖先之祭,亦皆备礼焉。其致神之礼,有虞氏尚用气,殷人尚声(《礼·郊特牲》),其祭器,有虞氏有泰尊,夏后氏有山罍,殷有著尊;夏后氏爵以琖,殷以斝;有虞氏俎以梡,夏后氏以嶡,殷以椇;夏后氏以楬豆,殷玉豆。其祭品,夏后氏牲尚黑,殷白牡。有虞氏祭首,夏后氏祭心,殷祭肝。(均见《礼·明堂位》。)又《夏书》奠高山大川。孔子告子张以为牲币之物。五岳视三公,小名山视子男。《山海经》作于禹益,其中每言自某山至某山,其祠之礼用何祈,用何瘗,用何糈,(大概米用稌稻,牲用雄鸡白狗牛羊豕等,玉用圭璋璧等。)亦可考见当时祭祀之品物矣。

第九节　养老

养老之礼,始于虞舜,名曰燕礼,夏曰飨礼,殷曰食礼。《记》称有虞氏贵德而尚齿,夏后氏贵爵而尚齿,殷人贵富而尚齿,是也。其原因为怜困难之老人,及恤有功勋于国家者而设。以化万民于慈顺,导万民于孝弟。其养之之地,有虞氏养国老于上庠,养庶老于下庠;夏后氏养国老于东序,养庶老于西序;殷人养国老于右学,养庶老于左学。

第十节　谚语

　　吾王不游吾何以休，吾王不豫吾何以助。(《孟子》，晏子对景公引夏谚)此非夏人之谚乎。以王者之游为乐，以王者之不游为虑，可想其时下情上达、上德下宣之景象。而君主既出而与民相见，民亦决无惊犯乘舆之事也。后世君主，深宫高拱，常不知稼穑之艰难。加以贪污官吏之匿灾，乡间清议之衰息，民情风俗，壅于上闻，坐困颠连而无所控诉。读《小雅》各什，可以悲矣。间有举巡方之典者，又复一意遨游(如秦皇汉武之类)，不注意于民情风俗。官吏供亿之费，苛派于民间；侍从需索之物，取办于闾里。民一闻天子之来，且不胜其惶遽愁苦焉。以视夏民，其忻戚之相去为何如也。

第三章　周初至周之中叶

第一节　概论

周之始祖后稷,为中国研究农学之鼻祖。其裔孙太王居豳,虽陶复陶穴,不脱戎狄之俗。然能复修旧业,注重农务,观《诗·豳风》所咏,可以知矣。故周公常以此示成王,使知稼穑之艰难。而周代人民之职业,大抵以农为本位。太王之迁岐也,渐革陋俗。至于文王,教化大行,国中耕者让畔,行者让路。虞、芮(二国名)由此质成。且南方旧为苗族之根据地,古称难化,虽经神禹削平而驱逐之,究为王化所不及,乃因被文王之化,遂尔风清俗美。今观《诗》之《周南》《召南》所咏,如《桃夭篇》之男女以正,婚姻以时;《江汉篇》之前日游女,不可复求;《行露篇》之女子守礼,不能无家强取;《摽梅篇》之女子贞信,惧见辱于强暴;《野有死麕篇》之女子贞洁,不为强暴所污:可见前日淫乱之俗已革,而强掳人女为妻之恶俗,亦将不禁而自绝也。又以文王后妃之不妒,而小星江汜,嫡妾无猜,芣苢之和平,蘩蘩之肃穆,皆征刑于之效，加以周召之制礼宣化，成康之重熙累洽，于是社会之进化，遂有一飞冲天之概。

一切风俗制度，即当文明之世，亦必略最存初之制，以示不忘古。如古时未有衣裳，人但知蔽前而不蔽后。其后既有衣裳，而仍为芾以象之。《诗》所谓赤芾在股，是也。古时未有宫室，至黄帝为合宫，覆以茅茨。其后明堂之制特隆，而仍略缀以茅。左氏所谓清庙茅屋，是也。古时未有酒醴，而祭用水。其后酒醴既丰，而祭仍用水。《礼·郊特牲》所谓元酒明水贵五味之本，是也。古时未有火化，茹毛饮血。其后既熟食，而祭仍不废毛血。《礼·礼运》所谓荐其毛血，是也。古时狩猎为生而饮其血，故盟誓皆歃血，器成亦涂以血。其后虽不茹血，而器成及盟誓仍用之。《周官》所谓衅宝器，《左传》所谓歃血，是也。是亦崇古思想之一班矣。

第二节　饮食

常食用谷类、蔬菜等物，多蒸而食，蔬菜多用羹，又食肉之风亦盛行，鱼鸟牛豚羊称五鼎之食，当时人民最嗜好焉。又马鹿熊狼之类，亦多捕而食之。其制作配合之法，观《礼·内则》一篇，可得大概矣。饮物有酒醴浆湆等，酒系夏后时仪狄之发明，周时有杜康者，更改良其制造法，大流行于世间，为燕飨之必需品，朝廷设酒正掌之。醴者，甘酒也。浆湆为食物之附属品。此外犹有种种饮料，而茶其最著者也。茶发明于殷周时，周人用之者多。齐晏婴甚爱赏之。（《尔雅·释木》：槚，苦荼。郭注：树小如栀子，冬生叶，可以为饮。唐皮日休《茶经序》以苦荼为茶，《野客丛书》说亦同。）又夏月用冰。《诗》曰：二之日凿冰冲冲，三之日纳于凌阴。凌阴即冰室。《周礼》有凌人掌冰正，是也。

第三节　衣服

衣正色，裳间色。（《玉藻》）普通之冠用弁。（《诗》：突而弁兮。）大夫士则冠元端。诸侯斋时，用元冠丹组缨。大夫士斋时，元冠綦组缨。大夫士夕服深衣。士不衣织，不衣狐白。无君者（大夫士去位）不贰采，裘用狐麛羔等兽皮为之。童子不裘不帛，其衣缁布，以锦缘之，带亦锦为之。（《玉藻》）有衿缨（用双发结之）、容臭（香物也）、縏（小囊也）等之饰。妇人之命服，除世妇外，皆从男子。其常服亦用绉绤布锦，其首饰有笄珈、玉瑱、象揥等。凡男女之衣服，多用袭衣。（郑注《内则》：袭，重衣也。）

第四节　阶级制度

凡一种族征服他种族之人民，必加其所征服者以不同等之号，甚则以奴隶待之。如《尧典》分百姓、黎民为二。百姓，贵族也。(《国语》：王公之子弟由天子赐姓以监其官者，是谓百姓。)黎民，即苗民。黎，黑色也，犹言黑人。以其为汉族所征服，故以种色区之为贱族也。周人之称殷民为迷民、仇民、顽民，亦略有此意，是征服之民一级也。(印度分人为四种，最上者称婆罗门，其次为刹利，其次为毗舍，最下者为首头陀。不许互通婚。欧人大率分僧侣、贵族、公民、奴隶四种。)奴隶起原，一由罪人，二由鬻身。罪人之为奴隶，又分二种：有犯重辟而籍其家族为奴者(《周礼·秋官》：为奴，男子入于罪隶，女子入于舂藁)，有无钱赎罪，而为奴以赎罪者。(《周礼》：质人掌民人之质剂。)至鬻身为奴，实因生计窘迫，而其主人率视之为赀产。《曲礼》问大夫之富，曰有宰食力。宰，即家臣。而宰字本义，为罪人在屋下执事者之称，从宀从辛。辛，罪也。见《说文》(《三国志》注引《魏略》：匈奴名奴婢曰赀)，可证是奴隶，又一级也。《曲礼》：礼不下庶人，刑不上大夫。周制命夫命妇不躬坐狱讼，王族有罪不即市。而庶人祭不得立庙，不得行冠礼，葬不为雨止，贵贱之分甚严。是庶人又一级也。

周时封建世禄之制备，诸侯之臣下，皆为世官。故士之子常为士，农之子常为农，工之子常为工，商之子常为商。士以外农工商，皆庶人也。然亦设特别之例，凡聪颖异常者，可由农工商之资格而升为士。农工商中，农居多数，农之秀者为士。观董仲舒《春秋繁露·五行相生篇》，有"农斯有士"之言而益信。

第五节　家族主义

中国为宗法社会，故家族政治自古已严，至周尤甚。盖儒家最注心力于此，正父子兄弟之道，明长幼贵贱之序，严男女之别。一家之内，子必从父，妇必从夫，弟必从兄。虽有极重大极紧要之事件，不能破范围而违其节制，否则加以犯分之恶名，定以不孝不恭不顺之大罪。又男女至七岁以上者不得共席，一切物品不可交相授受。

第六节　名姓氏族之辨

夏禹之世，有名有姓而无字与谥，亦无氏，贵贱皆呼其名不相讳。至周时，呼字之俗起，丈夫二十冠而命字，无称名者，惟于臣子及幼贱者名之。谥法亦自周始，人死则诔其行以立谥，而讳生时名。有物与死者同名，臣子必易其物名。如晋僖侯名司徒，便废司徒为中军；宋武公名司空，便废司空为司城；鲁申繻谓"以畜牲则废祀，以器币则废礼"，是也。姓者，生也，所以明世系而别种族也。氏者，犹家，所以表家门也。故一姓分为数十百氏。姓之起在太古，据古史，五帝皆有姓。唐虞时种族甚多，有百姓之称。及周兴，姬姓繁衍于华夏，异姓渐绌，然犹有二十余姓。周衰，姜、芈、妫、嬴踵兴，与诸姓相轧，而他姓愈微。氏始于以地名冠名，自周以前亦有之，然非人人必用之。周时王子王孙、公卿诸侯，大抵以国邑为氏，后裔虽亡，其地亦袭称之。诸侯子孙称公子公孙，公孙之子以王父字为族，世臣率以邑为族，官有世功则有官族。族者，氏之支别也，通谓之氏。男子冠名以氏而不称姓。姓者，妇人所称也，故其字多从女，如姬姜之属。及战国时，妇人亦不称姓，而姓之用废，自是以氏族作姓，姓与氏无有异义矣。（以邑为氏，如晋韩氏、赵氏、魏氏之类。以官为氏，如晋士氏及中行氏之类。以字为氏，如郑子国之后以国为氏。子驷之后以驷为氏。）

第七节　冠婚

男子二十而冠，女子十五而笄，表其有成人之资格也。冠礼为礼之始，不可不恭敬行之。故先卜日之吉凶，而请人举行加冠式。至期，冠者之父著礼服，迎加冠之人，而使加其冠于子，又命冠者之字。成人后自称以名，称人以字。加冠式既终，有谒亲属之长者，及乡大夫乡先生等之礼。婚礼必有媒氏以交通二家，依彼介绍而举行其礼节者也。其举行之次第如下：凡娶女先由夫家托赘物于媒氏，纳于女之父，谓之纳采。女父既承诺，则问女之名，谓之问名。媒氏归于夫家而卜其吉凶。若吉，则更遣使告之于女父，谓之纳吉。纳吉之式既终，则纳元纁十端，兽皮（即太古时之俪皮）二枚于女父，为纳婚之约信，谓之纳征。由是自夫家请求婚礼之期日，谓之请期。至期为婿者著礼服，乘黑车，往女家亲迎其妇，谓之亲迎。其时嫡妾之分甚严，王之嫡妻曰后，诸侯曰夫人，大夫曰内子，士曰妇人，庶人曰妻，皆与其夫齐位，群妾莫敢与为匹。

周更夏、商之制，称女以姓。男子三十而娶，女子二十而嫁。嫁娶不能太早，且不可施于同姓。买妾不知其姓则卜之，恐其同也。此其理由，暗与今日生理学家忌早婚及血属结婚之理相符合。（东西统计家言，愈文明之国，其民之结婚愈迟，野蛮国反是。故印度人十五而生子者，率以为常。欧人二十而结婚者甚少，且结婚太早，男女身体、神经未发达，生子必痿弱。且早婚不但害于传种，而亦害于教育，以其身无为人父母之资格，必不能任家庭之教育也。）汉王吉所谓未知为人父母之道而有子，是以教化不明而民多夭（《汉书》本传），史伯所谓气同则不继（《国语·郑语》），叔詹所谓男女同姓其生不蕃（《春秋》僖十二年传），是也。且中国之始立国也，群后列据四方，不相混和。王者虽能以德与力尽服九州，然异姓之于王家，既非宗藩之亲附者可比，究难泯其竞争，而求其协和。故利用嫁娶以联合异姓，在当时为切要之事，从此因仍成俗，遂为不易之法。

第八节　乡饮酒养老

乡饮酒之礼，集一乡之人而开宴会，今所谓乡党亲睦会、恳亲会者，是其遗意也。其主义重相亲睦，相尊敬，明长幼之序，习宾主之礼。其集会之时，有三年一度者，乡学生卒业而出仕，时乡大夫为主人，乡之父老为宾客，其中最老而知礼节者为上宾，余为众宾。又有一年二度者，州长习射而为饮也；一年一度者，党正于习射时开会也。又乡大夫常会其乡之贤能而开筵宴，凡宴时，乐人奏歌诗以发扬其志气，盖一地方自治之现象也。养老自五十岁者始，五十岁以上，每增十岁者，用最殷勤之礼，养之于大学或小学，然非终身恩给。一年中七次招集之，使学士亲目击之，谋风教之陶冶，与乡饮同为良法。

第九节　丧葬

丧葬之礼节，皆整顿于周，由贵贱亲疏，而有种种差别，其用情之厚，世界所未见也。周公立制，节目详备，哭泣擗踊皆有法。人死则必先复。复者，招魂之礼也。又有沐浴、饭含、小敛、大敛之礼。凡居父母君师之丧，上自天子，下至庶人，无贵贱上下之别，皆以三年为定例。父母之丧曰制丧，君之丧曰方丧，师之丧曰心丧。今由亲疏论其差异，父母之丧，著斩衰之服二十五月，谓之三年之丧。其次祖父母、伯叔父母、昆弟之丧，著齐衰之服十三月，谓之期丧。又次为从父昆弟之丧，著大功之服九月。又次为再从昆弟、外祖父母之丧，著小功之服五月。又次为三从昆弟之丧，著缌麻之服三月。王崩，群臣诸侯皆居丧三年，嗣王不亲政，谓之谅暗。百官皆听于冢宰，诸侯薨亦如之。葬式之差别，天子七日而殡，七月而葬；诸侯五日殡，五月葬；大夫士三日殡，三月或逾月葬。而天子葬同轨毕至，诸侯葬同盟至，大夫士葬同位至，庶人葬族党相会。棺椁衣衾，自天子至于庶人，务尽其美。棺厚五寸，椁称之。而其作法，天子四重，诸侯三重，皆用松；大夫二重，用柏；庶人一重，用杂木。葬之时有挽歌，见于《檀弓》、《春秋》、《庄子》、《列子》等书。（《檀弓》：季武子之丧，曾点倚其门而歌。《春秋》：哀公会吴子伐齐，将战，公孙夏命其徒歌虞殡，示必死也。《庄子》：绋讴所生，必于斥苦。司马彪注：绋读曰拂，引柩索。讴，挽歌。斥，疏缓。苦，急促。青引绋讴者，为人用力也。《列子·仲尼篇》：季梁之死，杨朱望其门而歌。随梧之死，杨朱抚其尸而哭。唐段成式《酉阳杂俎》曾引《春秋》、《庄子》二事，以辨挽歌之非始于田横之客。）

第十节 祭祀

国之大事,祀居其一。天地、日月、星辰、山川、林泽,皆神而祭之。不营神祠,不设神像,或作主,或望祭之。有大采朝日、小采夕月之礼。以日月之食及山崩川竭为灾变,必有以崇之。大夫祭宗庙五祀,士庶人祭其祖先。此等之祭有四时,春曰祠,夏曰礿,秋曰尝,冬曰烝。庶人祭品,春用韭,夏用麦,秋用黍,冬用稻。始祖之庙,其主百世不迁。迁主所藏之庙曰祧祖庙,亲尽则迁其主于祧,而致新主于庙。天子七庙,诸侯五庙,大夫三庙,士一庙,庶人无庙,祭于寝。

第十一节 蛊毒

《周官》诵训,掌道方志以诏观事,掌道方慝以诏避忌,以知地俗。谓蛊毒之类,皆为方慝。庶氏掌除蛊,以攻说祓之嘉草攻之,是周时已有蛊毒也。按《隋书·志》云:江南之地多蛊,以五月五日取百种虫,大者至蛇,小者至虱,合置器中,令自相唻,余一种存之。蛇则曰蛇毒,虱则曰虱毒。欲以杀人，因入人腹中，食其五脏，死则其产移入蛊主之家。三年不杀人，则蓄者自种其害，累世子孙相传不绝。自侯景之乱，杀戮殆尽，蛊者多绝。既无主人，故飞游道路之中则殒焉。后其俗移于滇中，每遇亥夜，则蛊飞出饮水，其光如星。鲍照诗所谓吹痛蛊行晖者也。大抵蛊毒起于野蛮时代，及世界文明，则惟野番之俗行之。蛊之字上从虫下从皿，皿内多虫，虫之所由制也。伏羲重卦，即有蛊卦。孔颖达《易正义》引褚氏云：蛊者，惑也。《春秋》昭元年传：秦医和谓晋侯之疾如蛊，非鬼非食，惑以丧志。亦引《易》女惑男谓之蛊为证。盖中蛊毒者，必迷惑不省人事，故惑为蛊字应有之义。由蛊之有惑义，可推知伏羲重卦之蛊，即蛊毒之蛊，而蛊毒不自周时始矣。此蛊毒起于野蛮时代之说也。至于野番之行蛊毒，则今黔粤之苗黎最著焉。然粤地之胡蔓草、麻药，亦蛊毒之类也。胡蔓草叶如茶，其花黄而小，一叶入口，百窍溃血，人无复生。迩来品汇益盛，花叶异常，不独郊外，虽邑中亦在在有之。凶民将取以毒人，则招摇若喜舞然，真妖物也。或有私怨者茹之，呷水一口，则肠立断。或与人哄，置毒于食以毙其亲，诬以人命者有之。麻药置酒中，饮后昏不知人，富室每诱小民饮之以夺其货财。然醒后不死，亦恶物也。《范石湖集》有治蛊毒之方。岭南卫生方，有治胡蔓草毒之法，皆问俗者所宜加意者耳。然今之鸦片，亦蛊毒之类也。李时珍《本草纲目》云：鸦片前代罕闻，近方有用者。盖自明以前，上不称于史传，下无闻于私家记录，而流行之速，倏忽遍于内地。烁人之膏血，丧人之志气，陷全国民族于气息奄奄、不生不死之中。小之则以败家，大之至于亡国。虽有识者正告之以如何之毒，而憪然不一悟，或悟而不能自拔。前者林文忠公既徒费苦心,今者朝廷虽大申吃烟之禁,而我烟民之沉梦如故。此种人若与之语及蛊毒,则咸畏之如蛇蝎虎豹,独于几千万倍于蛊毒者,自吸之而自安之,焰蛾巢燕,甘心走入死地也。悲夫!

第十二节　言语

父为考,母为妣。父之考为王父,父之妣为王母。王父之考为曾祖王父,王父之妣为曾祖王母。曾祖王父之考为高祖王父,曾祖王父之妣为高祖王母。父之世父、叔父为从祖祖父,父之世母、叔母为从祖祖母。父之昆弟,先生为世父,后生为叔父。男子先生为兄,后生为弟。女子谓先生为姊,后生为妹。父之姊妹为姑,父之从父昆弟为从祖父。父之从祖昆弟为族父,族父之子相谓为族昆弟,族昆弟之子相谓为亲,同姓兄之子、弟之子相谓为从父昆弟。子之子为孙,孙之子为曾孙,曾孙之子为元孙,元孙之子为来孙,来孙之子为昆孙,昆孙之子为仍孙,仍孙之子为云孙。王父之姊妹为王姑,曾祖王父之姊妹为曾祖王姑,高祖王父之姊妹为高祖王姑。父之从父姊妹为从祖姑,父之从祖姊妹为族祖姑。父之从父昆弟之母为从祖王母,父之从祖昆弟之母为族祖王母。父之兄妻为世母,父之弟妻为叔母。父之从父昆弟之妻为从祖母,父之从祖昆弟之妻为族祖母。父之从祖祖父为族曾王父,父之从祖祖母为族曾王母。父之妾为庶母。母之考为外王父,母之妣为外王母,母之昆弟为舅,母之从父昆弟为从舅。妻之父为外舅,妻之母为外姑。姑之子为甥。舅之子为甥。妻之昆弟为甥。姊妹之夫为甥。妻之姊妹同出为姨。女子谓姊妹之夫为私,男子谓姊妹之子为出。女子谓昆弟之子为侄,谓出之子为离孙,谓侄之子为归孙。女子子之子为外孙。女子同出谓先生为姒,后生为娣。女子谓兄之妻为嫂,弟之妻为妇。长妇谓稚妇为娣妇,娣妇谓长妇为姒妇。妇称夫之父曰舅,称夫之母曰姑。姑舅生则曰君舅君姑,没则曰先舅先姑。谓夫之庶母为少姑,夫之兄为兄公,夫之弟为叔,夫之姊为女公,夫之女弟为女妹。子之妻为妇,长妇为嫡妇,众妇为庶妇。女子子之夫为婿。婿之父为姻,妇之父为婚。父之父母,婿之父母,相谓为婚姻。两婿相谓为亚。妇之党为婚兄弟,婿之党为姻兄弟。谓我舅者,吾谓之甥也。(《尔雅·释亲》)

如　《尔雅·释诂》:如,往也。按如即奴字,妇女在内,必藉奴传出入之言,故从女从口,即走信的人。故训往也。各亦即奴字,从口,犹有如义,谓供奔走者。各加足则为路,路亦走路的人。蛮貉之貉从各,以奴称之也。洛水出于貉地,故洛亦从各。知各之为奴,而如之为奴益确。今吾江西万载土语,尚读如为奴。

作　《尔雅·释言》:作,为也。按作即做字,《诗·小雅》:采薇采薇,薇亦作止。曰归曰归,岁亦莫止。莫即今之暮字,作与莫叶韵,故作即做字也。《后汉书·廉范传》:民歌之曰:廉叔度,来何暮。不禁火,民安作。昔无襦,今五袴。亦同。

胡(鬍)　《诗》:狼跋其胡。毛以为狼之老者,则颔下垂胡。胡考之休,注疏家皆训为寿考。按胡从月从古。月,古老也。老人颈上,月常下垂,与狼老之垂胡者同,寿征也。胡加髟则为鬍,须也,老人有须也。

吴（吳）　《诗·周颂》：不吴不敖。《毛传》：吴，哗也。按吴，大呼也。古音我瓜切，与夨圭字同。蛙之从圭，以声大也，冖象头不正之形，口出声大，头必不正，故吴从冖也。吴加虍则为虞。虍，戴虎冠也。戴虎冠而大呼，犹是喧哗之义。吴虞字古通用，《汉书·武帝纪》引不吴不敖，作不虞不骜。《释名》：吴，虞也。石鼓文有吴人，注曰虞人。杨用修谓吴，古虞字省文，如摩之省乎。今昆山有浦名大虞小虞，俗称大吴小吴，吾萍称蜈蚣为蠦蚣。

舟　《诗·大雅·公刘章》：何以舟之，维玉及瑶，鞞琫容刀。《毛传》：舟，带也。按舟与刀倒字义同。《诗》：曾不容刀。《毛传》：舠，小舟也。古人带刀常倒挂，舟之行，舟子常倒走，故谓舟为刀，倒之义也。舟有酬义，以受字证之，受之妥，即摽梅之摽。摽读为求妙切，今人谓以物件摽（俵）人即此字。中加一，舟也。舟不时往还，摽者礼尚往还，酬报之也，亦含倒意。且何以舟之下文，即鞞琫容刀，刀固须倒挂也。倒挂，即带也。又舟之行或三五艘，或十数艘，前后以环索相连，亦带之义也。

选　《左传》：弗去惧选。杜预注：选，数也。今苏州谓责人罪过曰抚选，而吾萍语亦同，但读若迁。

秕　《国语》：军无秕政。吾萍语面鄙薄人，或谓人言不是，皆曰秕。但一作否，丕上声，而苏州谓事不实亦曰秕。

捽　《左传》：捽而出之。吾萍语谓打人曰捽，而苏州谓以手执人曰捽。

眠娗　眠，莫典切。娗，徒典切。《列子》：眠娗諈诿。眠娗，瑟缩不正之貌。今苏州谓不佣偠曰眠娗。

璞鼠　《尹文子》：郑人谓玉未理者为璞。周人谓郑贾曰：欲买璞乎？郑贾曰：欲之。出其璞，乃腐鼠也。

妻子　谓妻也。《诗》：妻子好合。《韩非子》：郑县人卜子，使其妻为袴。其妻问曰：今袴何如？夫曰：象吾故袴。妻子因毁新令如故袴。杜子美诗：结发为妻子，席不暖君床。

月半　《仪礼·士丧礼》：月半不殷奠。《礼记·祭义》：朔月月半君巡牲。后人以十五为月半本此。又《周礼·大司乐》王大食三侑注：大食朔月月半，以乐侑食时也。岑参诗：凉州三月半，犹未脱春衣。韩愈诗：南方二月半，春物亦已少。李商隐诗：白日当天三月半。晋温峤与陶侃书：克后月半大举。

陇种　顾氏《日知录》案《荀子》角鹿捶陇种东笼而退耳。注云：其义未详。盖皆摧败披靡之意。今考之《旧唐书·窦轨传》，高祖谓轨曰：公之入蜀，车骑骠骑从者二十人，为公所斩略尽。我陇种车骑，未足给公。《北史·李穆传》：芒山之战，周文帝马中流矢，惊逸坠地。穆下马，以策击周文背，骂曰：笼冻军士，尔曹主何在？尔独住此。盖周隋时人尚有此语。今江浙间尚有怪怪龙东之语。

盐　去声，以醝腌物也。《礼·内则》：屑桂与姜，以洒诸上而盐之。

火　《司马法》人人正正辞辞火火注：言一火与一火，犹人人殊之人人也。按即俗谓火伴。古《木兰诗》：出门看火伴。《唐书·兵志》：府兵十人为火，火有长。圹骑十人为火，五火为团。《通典·兵制》：五人为烈，烈有头目。二烈为火，立火子，五火为队。

恙　《尔雅·释诂》：恙，忧也。疏：恙者，《聘礼》云：公问君，宾对，公再拜。郑注云：拜其无恙。郭云：今人云无恙，谓无忧也。又噬虫，善食人心。《风俗通》：噬虫能食人心。古者草居多被此毒，故相问劳曰无恙。如《战国策》赵威后问齐使曰：王亦无恙？及《说苑》魏文侯语仓庚曰：击无恙。《前汉书》武帝报公孙宏曰：何恙不已。《晋书·文苑》顾恺之与殷仲堪笺：布帆无恙。《隋书》日本遣使致书：皇帝无恙。皆问劳之辞也。音漾。《楚辞·九辩》：还及君之无恙。音羊。

孟浪　《庄子·齐物论》：夫子以为孟浪之言。徐邈读莽朗，向秀读漫澜。《集韵》：孟浪犹较略也。一曰不精要之貌。

步行　《管子》：步行者杂文采。又《淮南子》：为车者步行。

强梁　《庄子》：从其强梁，随其曲传。又《扬子》：君子强梁以德，小人强梁以力。《诗》武人东征疏：荆舒强梁而难服。

多事　《庄子》：尧曰富则多事。《韩非子》：喜之则多事。《魏书·斛斯椿传》：椿狡猾多事。

家事　《左传》赵孟对子木曰：夫子之家事治。《国语》公父文伯之母曰：合家事于内朝。又《史记·赵奢传》：受命之日不问家事。

宋叶梦得《岩下放言》：楚辞曰些。沈存中谓梵语萨缚阿三合之音，此非是。不知梵语何缘得通荆楚之间，此正方言各系其山川风气使然，安可以义考。大抵古文多有卒语之词，如"螽斯羽诜诜兮，宜尔子孙振振兮"以兮为终，《老子》文亦多然；"母也天只，不谅人只"，以只为终；"狂童之狂也且，椒聊且，远条且"，以且为终；"唐棣之华，偏其反而，俟我于著乎而，充耳以素乎而"，以而为终；"既曰归止，曷又怀止"，以止为终：无不皆然。风俗所习，齐不可移之宋，郑不可移之许。后世文体既变，不复论其终，为楚辞者类皆用些语，已误。更欲穷其义，失之远矣。

其余见于《尔雅》者不可枚举。

[第二编]

驳杂时代

第一章 春秋战国

第一节 概论

先儒谓风之变也,匹夫匹妇得以讽刺。盖《诗·国风》所咏,多系春秋时事,其美善刺恶,犹存三代之直道,与《春秋》一书之笔削,无甚差异。至王迹熄而《诗》亡,《诗》亡而《春秋》作,王者之天下,变而为霸者之天下,霸者之天下,变而为七雄之天下,觇世变者每不胜匪风下泉之思焉。然春秋时犹尊礼重信,而七国则绝不言礼与信矣。春秋时犹宗周王,而七国则绝不言王矣。春秋时犹严祭祀,重聘享,而七国则无其事矣。春秋时犹论宗姓氏族,而七国则无一言及之矣。春秋时犹宴会赋诗,而七国则不闻矣。春秋时犹有赴告策书,而七国则无有矣。李康《运命论》所谓"辨诈之伪,成于七国"者也。盖至七国时,文武周公之礼乐刑政既荡然扫地。攻伐争斗,较春秋尤甚。诈力权谋,公行而无所讳惮。脱仁义道德之假相,而露出弱肉强食之真面目。英雄豪杰,互相见于战争场里,演极惨烈之活剧。诸侯自称王号,各不相下,周虽有其名，而天下早已无王矣。然则以春秋较诸战国，犹觉彼胜于此。今以《国风》证之：《葛屦》、《彼汾》，见魏俗之勤俭而褊急；《蟋蟀》、《山枢》，见唐俗之勤俭而质朴；《小戎》、《无衣》，见秦俗之尚武，而女子亦知勤王；《缁衣》、《同车》，见郑俗之爱贤而好德，宛如好色。《干旄》之美下贤也，《羔裘》之重司直也，《伐檀》之志不素餐也，《素冠》之思终丧人也，《凯风》、《陟岵》之慕孝子也，《芄兰》之戒童子躐等也，《扬之水》之戒偏重外戚也，《采苓》、《防有鹊巢》之刺谗贼也，皆于世道人心大有关系，以视战国之薄俗何如哉！

第二节　阶级制度之破坏

周代阶级之制甚严，至孔子作《春秋》始讥世卿（武氏，任叔之子），以等贵族于平民。自是用人亦渐不拘资格，如楚举申鲜虞于仆赁，晋举屠蒯于庖厨，管仲之举盗，晏子之举囚，赵文子举管库之士，公叔文子举家臣，是也。至于宁戚以饭牛歌干齐桓（其歌中有云：大臣在汝侧，吾将与汝适楚国），已开战国策士之渐焉。战国则门阀之风荡然扫地。或由匹夫而为将相，或朝贫贱而暮公侯，或起自刑余，或出于盗薮。不论新旧，不问亲疏，苟有奇才异能，虽仇必用，虽奸必荐。加之群雄割据方隅，各自掌握立法行政之权，故士之求显头角者，甲国不用，去而之乙国。或昨日为逃亡之羁旅，今日为荣誉之宰相，以左右其国大政。盖一言论自由、思想自由之社会也。

第三节　义侠

昔太史公之传游侠也，谓其言必信，其行必果，专以身趋人之急，或借交报仇而不矜其能，羞伐其德，实有足多。且引季次、原宪以为标准。盖有慨乎其言之也。游侠之风，倡自春秋，盛于战国。春秋之时，晋有公孙杵臼、程婴（《史记·赵世家》：晋屠岸贾杀赵朔，灭其族。朔之妻为晋成公姊，匿于公宫，有遗腹子名武，屠岸贾百计欲索而杀之。朔之客公孙杵臼，与朔之友程婴合谋，以死保赵氏孤儿。杵臼乃抱他人婴儿为赵孤，诱屠岸贾杀死，赵氏真孤得以保全。后赵武卒族灭屠岸贾）、毕阳（《晋语》：晋伯宗索士庇州犁得毕阳。及栾弗忌之难，诸大夫害伯宗，毕阳实送州犁于荆）；秦有偃息、仲行、针虎（秦穆公卒，三良殉葬，国人哀之，为之赋《黄鸟》。历代史家对于此事，未免怀疑。惟东坡咏秦穆公墓，本郑笺自杀之说，谓穆公生不诛孟明，岂死之日而忍用其良。乃知三良殉公，意亦如齐之二子从田横云云。则三良亦义侠之士矣）；吴有专诸，皆可谓已诺必诚，不爱其躯者。战国时代，强力轻死之风尤甚，故任侠刺客如豫让、要离、墨子、孟胜、徐弱、聂政、蔺相如、信陵君、朱亥、毛遂、鲁仲连、王蠋、虞卿、平原君、唐雎、缩高、荆轲、高渐离、田光、樊於期辈，皆先人后己，勇悍坚卓，其轻死重义之风操，若能尽轨于正，固可使社会上无不平之事也。

第四节　游说

春秋之世，各国多用客卿。如巫臣适吴以病楚，伍员强吴以入郢，晋用楚之亡臣，而声子发"楚材晋用"之叹，是也。若春秋之末至于战国，则诸侯卿相皆争养士。上自谋夫说客、谈天雕龙、坚白异同之流，下至击剑扛鼎、鸡鸣狗盗之徒，莫不宾礼，靡衣玉食以馆于上者，何可胜道。越王勾践有君子六千人，魏无忌、齐田文、赵胜、黄歇、吕不韦皆有客三千人。而田文招致任侠奸人六万家于薛，齐之稷下谈者亦千人，魏文侯、燕昭王、燕太子丹皆致客无数。非以此自豪也，因当时竞争剧烈，惟以得人才为第一义。故苟有一技一艺之长，能利于国家者，则不论贵贱，不问亲疏，皆招之为国家之顾问。就中有说士，有剑客，有力士，其种类虽不少，要皆留意于政治上。盖评论政治之得失，为民间之政谈家也。其能力可以裁决政务，及画种种之计略，是故以宾礼待之，则常收非常之效。否则煽动民间，或去而益资敌国。因此一时说客势力轰震天下，随处惟恐其奉养之不足。国君卿相以多致贤能之士为名誉。彼孟尝、平原、信陵、春申诸君，有贤公子之价值者，皆以说客之多购之也。

第五节　周末之学风

周室既衰，官失其职，官守之学术，一变而为师儒之学术。且阶级既破，前此为贵族世官所垄断之学问，一举而散诸民间。其传播也最速，其发达也更捷。盖当时言论自由，九流百家，各具有坚苦独行之力，精深奥玮之论，毅然自行其志，思立教以范围天下。孔子为诸子之卓，遂创立儒教，以集其大成。教为儒教，则其书自为儒书，犹今称二教书为佛典、道藏也。故后汉时王充著《论衡》，犹以六经传记为儒书。孔子之没也，儒书大行于齐鲁之间，鲁人皆从儒教，而齐之民间亦传习之。如今之信教自由，不能禁止，然齐人犹有忌之者。《春秋》哀二十一年传：公及齐侯邾子盟于顾，齐人责稽首，因歌之曰：鲁人之皋，数年不觉，使我高蹈，惟其儒书。以为二国忧，盖忌之之辞也。自春秋之末至于战国，诸子创教，互相攻击，而攻儒尤甚。如春秋时叔孙武叔、微生亩、荷蒉、接舆、长沮、桀溺、丈人之攻儒，均见于《论语》。若楚子西沮昭王书社之封，齐晏子谏景公以尼谿田封孔子，（二事见《史记·孔子世家》。）子桑伯子之答门人曰：其质美而文繁，吾欲说而去其文（《说苑·修文篇》），尤其彰彰者也。战国则墨子攻儒，以久丧厚葬为第一义。（见《墨子·非儒篇》，《淮南子·氾论训》。）孟子将行道而有臧仓之沮、尹士之讥。滕之父兄百官，皆不欲从孟子三年丧服之制。许行欲以并耕之道胜孟子，好事者至诬孔子于卫主痈疽，于齐主侍人瘠环。庄子、商君、邹衍、尹文子攻儒尤力，然于孔子之教无损也。但当时九流百家既各抱宗旨，自必有一得之长，虽孔子之教不能掩之。此墨子所以竟与孔子中分天下，而班氏《艺文志》亦谓"九流为六经之支与流裔"，不能废也。然则周末之学界，已呈光明灿烂之景象矣。

第六节　周末人民之程度

（甲）民德。齐民贪粗而好勇，楚民轻果而贼，越民愚疾而垢，秦民贪戾而罔事，齐、晋之民谄谀欺诈巧佞而好利，燕民愚戆而好贞、轻疾而易死，宋民简易而好正。（《管子·水地篇》）秦国之俗，贪很强力，可威以刑而不可化以善，可劝以赏而不可厉以名。（《淮南子·要略训》）此其大较也。又贾生之论秦俗曰：商君遗礼义，弃仁恩，并心于进取。行之数岁，秦俗日敝，故秦人家富子壮则出分，家贫子壮则出赘。借父耰锄，虑有德色，母取箕帚，立而谇语，抱哺其子，与公并倨。妇姑不相说，则反唇而相稽。呜呼，即贾生此言，可以代表战国之民德矣。恶直丑正，各国皆同。如齐之国子，晋之伯宗，皆以好直言而不见容，是也。贪纵奢侈之风，由士大夫倡之，如晋栾黡、羊舌鲋、齐庆封、郑伯有、齐子旗、子良等，民间大受其影响。故人皆求富，而子文逃之。富人之所欲，而晏子弗受。郑伯张则谓贵而能贫，晋郤缺则思贱而有耻。子产治郑，予忠俭而毙泰侈者，亦欲以挽斯弊也。

淫乱无耻，以郑、卫为最，陈次之，各国亦不甚相远。考之《诗·国风》，卫俗之淫乱，至于男女相约，俟于城隅。婚姻动怀，远其父母。郑俗之淫乱，至于遵大路而揽人祛，相轻薄而谓为子都。《狂且狡童章》：子不我思，岂无他人。《东门章》：岂不尔思，子不我即。其秽亵已全神如绘。陈俗之淫乱，至于女不绩麻，而赴男女歌舞之会。谓所私为予美佼人，而不胜其爱，惟恐其或间。女之思男，有时寤寐无为，涕泗滂沱。呜呼，何其无耻之甚也。及以《春秋》考之，而知其淫乱无耻，固皆自上倡之。盖春秋之世，男女杂乱，怪状百出。有上淫者（桓十六年传：卫宣烝其庶母夷姜。庄二十八年传：晋献烝其庶母齐姜。僖十五年传：晋惠公烝其庶母贾君。宣三年传：郑文公报其叔母陈妫。成七年传：楚襄老之子黑要烝其母夏姬），有夺子妇者（桓十六年传：卫宣为其子伋娶于齐而自取之。昭二十八年传：楚平王为其子建娶于秦而自取之），有夺昆弟之妻者（文七年：鲁穆伯为襄仲聘己氏而自取之），有易内而饮酒者（襄二十八年传：庆封与卢蒲嫳），有彼此通室者（昭二十八年传：晋祁胜与邬臧），有妻好淫而夫纵之者（桓十八年传：桓送文姜与齐襄。定十四年传：卫侯为夫人南子召宋朝），有兄弟姊妹相乱者（齐桓之于文姜），有欲夺人妻而先灭人国、因夺人妻而自杀其身者（庄十四年传：楚文王灭息取息妫。襄二十二年传：郑游皈将如晋，而以夺妻见杀），有君臣同淫一妇者（陈灵），以及周襄王狄后与夫弟叔带通（僖二十四年传），鲁庄公哀姜与夫弟庆父通（闵二年传），齐声孟子与大夫庆克通（成十七年传），鲁穆姜与大夫叔孙侨如通（成十六年传），晋骊姬与优人通（《国语》），鲁季公鸟之妻与饔人通（昭二十五年传），晋栾桓子之妻与室老通（襄二十一年传）。上自王家，下及士大夫家，内室秽乱，毫不为怪。于是庶子烝母，孙烝祖母，及以兄嫂为妻，竟出自国人之赞成。（闵二年传：齐人强招伯［即顽］烝于宣姜。文十六年传：宋人奉公子鲍以因其祖母襄夫人。哀十一年传：卫大叔疾出奔，卫人立其弟遗，使室其妻孔姞。）此时之人民，更乌知世间上有所谓廉耻者乎？上有好者下必有甚，无怪民人之淫乱也。或谓中国人民之所以淫乱，实由于男女之界太严，女子不常与宾客交际，故男子以得见女子为异数。且女学未兴，女子殆无知识，男子因视女子为消磨块垒、活动精神之一物。所以男女之界益严，而淫乱愈甚。方今欧美文明之国，女学盛兴，男女相近，毫不为异。且以女子充男学堂教师，充病院看护妇，充邮便、火车、工场、商店、旅馆、浴堂等之委员、司事、写生、佣工，朝夕与男子接近，而犯奸凶杀之事绝少。虽其男子程度较中国为高，亦所以开放之者有术也。彼越王勾践，输淫佚过犯之寡妇于山上，士有忧思者，令游山上以喜其意。（《吴越春秋》）固与汉高、淮南之鼓舞英雄同一手段（汉高祖待英布，帷帐宫室拟于王者。淮南王异国中民家有女者，以待游士而娶之），而诲淫实甚焉。然则发达女学，其禁淫之本务矣。

（乙）舆论。舆论莫备于诗。诗人之刺恶，虽以国君贵族之势力，亦言之无所讳忌。斯真三代之直道，中流之砥柱也。若夫恶执政之非时兴作，而有泽门之讴。（《左》襄十七年传：宋皇国父为大宰，为平公筑台，妨于农收，子罕请俟农功之毕，公弗许。筑者讴曰：泽门之皙，实兴我役。邑中之黔，实慰我心。）恶贲军之将而有于思之歌，朱儒之诵。（《左》宣二年传：郑伐宋，宋师败绩，囚华元，宋人赎华元于郑。后宋城，华元为植巡功。城者讴曰：睅其目，皤其腹，弃甲而复，于思于思，弃甲复来。思音腮。《左》襄四年传：邾人莒人伐鄫，臧纥救鄫。侵邾，败于狐骀。国人诵之曰：臧之狐裘，败我于狐骀。我君小子，朱儒是使。朱儒朱儒，使我败于邾。）孔子治鲁，而麛裘章甫，前后异辞。子产治郑，而孰杀谁嗣，毁誉迭至。（《家语》：孔子始用于鲁，鲁人鹭诵之曰：麛裘而鞸，投之无戾。鞸之麛裘，投之无邮。及三月政成，化既行，又诵之曰：衮衣章甫，实获我所。章甫衮衣，惠我无私。《左》襄三十年传：郑子产从政一年，舆人诵之曰：取我衣冠而褚之，取我田畴而伍之。孰杀子产，吾其与之。及三年又诵之曰：我有子弟，子产诲之。我有田畴，子产殖之。子产而死，谁其嗣之。）亦足见舆论之一班矣。郑国之舆论集于乡校。子产不毁乡校，与人民以议政之权，其卓识为何如哉。战国时说客实为舆论之代表，故民间舆论，无可表见焉。

（丙）忧国爱国。《园桃》忧小国之无政，《黍离》悯周室之颠覆。《匪风》瞻周道，叹天下之无王。《下泉》念周京，伤天下之无霸。此非可泣可歌之诗乎？公山不狃曰：君子违不适仇国，所托也则隐。此非仁人君子之言乎？考春秋亡国五十二，其间仁人义士不少，而能复国仇者，惟遂之因氏、领氏、工娄氏、须遂氏及申包胥而已。然遂之四氏仅能歼齐戍，无补于遂之亡。而包胥则能使楚国亡而复存，其坚苦卓绝一片热诚，固春秋时之不可多得者。宋儒王伯厚氏以比张子房，洵不诬也。至于盟向之民不肯归郑（桓七年传），阳樊之民不肯从晋（僖廿五年），事虽未成，志足悲已。战国则鲁仲连、王蠋、荆卿、燕太子丹辈，尤具爱国之热诚。至楚怀王入秦不反，楚人怜之，乃有"三户亡秦"之说。（《史记·项羽本纪》范增说项羽，言故楚南公曰：楚虽三户，亡秦必楚。孔颖达正义：三户津在相州滏阳县界。）屈子以逸见黜，仍惓惓于楚国，所作《离骚》，忧国爱国之心溢于言表，悱恻动人。影响所及，流风所被，不可消灭。所以秦仅二世而覆，秦之师竟发起于楚人也。

第七节　婚姻废礼及春秋时变礼之始

《郑风·丰兮篇》序：刺乱也。郑国衰乱，昏姻礼废，有男亲迎而女不从者，已而悔之，思复从之，其失在女子也。《陈风·东门之杨篇》序略同。《齐风·俟著篇》，朱子谓齐俗不亲迎，故女至婿门始见其俟已也。《唐风·绸缪篇》，朱子谓国乱民贫，婚姻失时。《御纂诗义折中》：悯贫也。国乱民贫，婚姻不能备礼。然则婚礼之废也，非一日矣。是故先配而后祖,则有郑公子忽(《左》隐八年传)。私约私奔,则有鲁庄公之从孟任(庄三十二年传),鲁泉邱人女之奔孟僖子(《左》昭十一年传),郧阳封人女之奔楚平王(《左》昭十九年传),声伯之母无媒礼,叔姬之嫁以强从。(《左》宣五年:春,公如齐,高固使齐侯止公,请叔姬焉。高固以齐之大夫强与鲁成婚也。宣公勉从其请,后高固来逆。)诸如此类,不可枚举。甚至夺人之妻,而转嫁他人;(《左》成十一年传:声伯之母不聘。穆姜曰:吾不以妾为姒,生声伯而出之,嫁于齐管于奚,生二子而寡,以归声伯。声伯嫁其外妹于施孝叔。晋郤犫来聘,求妇于声伯,声伯夺施氏妇以与之。)主张人之出其妻,而妻以己女(《左》哀十一年传:卫大叔疾初娶于宋子朝,子朝出,孔文子使疾出其妻而妻之),其无礼极矣。然郑徐吾犯之妹与楚季芈,尚不失为自由结婚(《左》昭元年传:郑徐吾犯之妹美,公孙楚聘之矣。公孙黑又使强委禽焉,犯惧,告子产。子产曰:惟所欲与。犯请于二子,请使女择焉。子皙、子南先后至,女自房观之曰:子皙信美矣,抑子南夫也。适子南氏,子南即公孙楚。定公五年楚子入于郧传:王将嫁季芈,季芈辞曰:所以为女子,远丈夫也,钟建负我矣,以妻钟建。定四年吴入郢传:王奔郧,钟建负季芈以从),固文明国所不禁者。

《礼记》:孔氏之不丧出母,自子思始也。士之有诔,自县贲父、卜国始也。邾娄复之以矢,盖自战于升陉始也。鲁妇人之髽而吊也,自败于狐骀始也。帷殡非古也,自敬姜之哭穆伯始也。庙有二主,自桓公始也。丧慈母,自鲁昭公始也。下殇用棺衣,自史佚始也。庭燎之百,由齐桓公始也。大夫之奏肆夏，由赵文子始也。大夫强而君杀之，义也，由三桓始也。公庙之设于私家，非礼也，由三桓始也。元冠紫绥，自鲁桓公始也。朝服之缟也，自季康子始也。夫人之不命于天子，自鲁昭公始也。宦于大夫者之为之服也，自管仲始也。皆记变礼之始。《左传》隐五年：始用六佾。僖三十三年：晋于是始墨。成二年：始厚葬，始用殉。襄四年，鲁于是乎始髽。襄十一年：魏绛于是乎始有金石之乐。昭十年：始用人于亳社。定八年：鲁于是乎始尚羔，亦记礼之始变也。又《礼·坊记》：以此坊民，诸侯犹有薨而不葬者。以此坊民，鲁春秋犹去夫人之姓曰吴，其死曰孟子卒。以此坊民，阳侯犹杀穆侯而窃其夫人，故大飨废夫人之礼。以此坊民，民犹淫泆而乱于族。以此坊民，妇犹有不至者，则叹息于礼之所由变所由废焉。孔子恶始作俑者，以始之不谨，末流不胜其弊也。

第八节　淫祀渐兴

春秋以降，阴阳家言，风靡一世。其别有五：曰天道，曰鬼神，曰灾祥，曰卜筮，曰梦。而鬼神之说尤盛。以故淫祀渐兴，如钟巫、冈山、炀宫、实沈、台骀、次睢之社等，不可枚举；裨灶、梓慎之流，大扬其波。虽有孔子、子产之力持正论，不足以辟之也。呜呼！此秦汉方士之所由来欤。

第九节　谚语见道

虽鞭之长不及马腹（《左》宣十五年晋伯宗引古语），欲人之自量也。虽有挈瓶之知，守不假器（《左》昭七年鲁谢息引人言），欲人之慎所守也。匹夫无罪，怀璧其罪（《左》桓十年虞叔引），戒人之贪财也。室于怒，市于色（《左》昭二十五年楚令尹子瑕引），戒人之迁怒也。辅车相依，唇亡齿寒（僖五年虞臣宫之奇引），戒人之无团体也。高下在心，川泽纳污，山薮藏疾，瑾瑜匿瑕，国君含垢（《左》宣十五年晋伯宗引），望人之恢宏度量也。无过乱门（《左》昭十八年郑子产引），恶人之作乱，教人之远乱也。庇焉而纵寻斧（《左》文七年宋乐豫引），欲人之慎重恩怨也。牵牛以蹊人之田而夺之牛（《左》宣十五年楚申叔时引），欲人之不为已甚也。畏首畏尾，身其余几（《左》文十七年郑子家引），戒人之柔懦退缩，所以唤起冒险精神也。心苟无瑕，何恤乎无家（《左》闵元年晋士芳引），欲人正其心术也。其父析薪，其子弗克负荷（《左》昭七年晋韩宣子引），戒人之不修先业也。狼子野心（《左》宣四年楚令尹子文引），喻小儿之不可教，即荀子性恶之说也。鹿死不择音（音即荫字，《左》文十七年郑子家引），欲人之轻死，盖畏死者则必多所择而迟回也。山有木工则度之，宾有礼主则择之（《左》隐十一年鲁羽父引），言宾之不能侵主权也。兽恶其网，民怨其上(《国语》单襄公引),言上无道则招民怨也。众心成城,众口铄金(《国语》伶州鸠引),言众怒难犯,人言可畏也。狐藏之而狐挖之(《国语》),言反覆无常也。从善如登,从恶如崩(《国语》卫彪傒引),言为恶易为善难也。生相怜,死相捐(《列子·杨朱篇》引),欲人之不背死亡也。人不婚宦,情欲失半,人不衣食,君臣道息(《列子》引),盖以为无婚宦二事,不过流于枯槁,若衣食决不可无。衣食可无,则不必有君以制治,有臣以佐治,人类同于草木,不久将归于澌灭也。宁为鸡口,无为牛后(《战国策》苏秦说韩引),戒人之无志进取,而劝人发愤为雄也。削株掘根,无与祸邻,祸乃不存(《国策》张仪说秦引),欲人早断祸根也。

第十节　隐语之起原

隐语始于《春秋》"麦麴鞠穷"之语(宣十二年传),及"首山庚癸"之呼(哀十三年传)。至齐威王之喜隐,淳于髡以隐说之,(见《史记·滑稽传》)即后世之所谓谜。许氏《说文》:谜,隐语也。《演繁露》:古无谜字。若其意制,即伍举、东方朔谓之隐者是也。至《鲍照集》则有井谜矣。《文心雕龙》:"自魏代以来,颇非俳优而君子隐,化为谜语。谜也者,回互其辞使昏迷也。"然则谜自周末已有,不过至今日而俗间盛行耳。

第二章　两汉

第一节　概论

　　以后人述古代风俗，不如当时人自述之切也。汉人自述当时风俗，以《史记·货殖列传》为最确。《汉书·地理志》微有增益，然究不离《史记》范围。今摘《货殖列传》，而以班《志》之增益者附下。

　　关中自汧雍以东至河华，膏壤沃野千里，有虞夏之贡以为上田。而公刘迁邠，大王、王季在岐，文王作丰，武王治镐，故其民犹有先王之遗风，好稼穑，殖五谷。地重，重为邪。及秦文、孝、缪，居雍隙，陇蜀之货物而多贾。献、孝公徙栎邑，北却戎翟，东通三晋，亦多大贾。武、昭治咸阳，因以汉都诸陵，四方辐凑，并至而会，地小人众，故其人益玩巧而事末也。（班《志》：汉兴立都长安，徙齐诸田，楚昭、屈、景及诸功臣家于长陵。后世世徙吏二千石、高赀富人及豪桀并兼之家于诸陵。是故五方杂厝，风俗不纯。其世家则好礼文，富人则商贾为利，豪桀则任侠通奸。濒南山近夏阳，多阻险轻薄，易为盗贼，常为天下剧。又郡国辐凑，浮食者多，列侯贵人，车服僭上，众庶放效，羞不相及。嫁娶尤崇侈靡，送死过度。天水、陇西山多林木，民以板为室屋。及安定、北地、上郡皆迫近戎狄，修习战备，高尚气力，以射猎为先。民俗质木，不耻寇盗。巴蜀、广汉本南夷，秦并以为郡。民食稻鱼，亡凶年忧，俗不愁苦，而轻易淫佚，柔弱褊阨。景武间文翁为蜀守，教民读书法令，未能，反以好文刺讥，贵慕权势。及司马相如游宦京师诸侯，以文辞显于世，乡党慕循其迹。后有王褒、严遵、扬雄之徒，文章冠天下，由文翁倡其教，相如为之师，故孔子曰有教亡类。）

夫三河（河东、河内、河南）在天下之中若鼎足，王者所更居也。建国各数百千岁，土地小狭，人民众，都国诸侯所聚会。故其俗纤俭习事。（班《志》：河内既远唐叔之风，而纣之化犹存。故俗刚强多豪桀，侵夺薄恩礼，好生分。周人之失，巧伪趋利，贵财贱义，高富下贫。喜为商贾，不好仕宦。郑土陿而险，山居谷汲，男女亟聚会，故其俗淫。）

种代石北也，地边胡，数被寇，人民矜懻忮，好气任侠为奸，不事农商。其民羯羠不均，自全晋之时固已患其剽悍，而赵武灵王益励之，其谣俗犹有赵之风也。中山地薄人众，犹有沙邱纣淫地余民，民俗儇急，仰机利而食，丈夫相聚游戏，悲歌慷慨，起则相随椎剽，休则掘冢作巧奸冶，多美物为倡优。女子则鼓鸣瑟跕屣，游媚贵富，入后宫遍诸侯。（班《志》：太原、上党又多晋公族子孙，以诈力相倾，矜夸功名，报仇过直〔当也〕，嫁取送死奢靡，汉兴号为难治，常择严猛之将，或任杀伐为威。父兄被诛，子弟怨愤，至告讦刺史二千石，或报杀其亲属。定襄、云中、五原，其民鄙朴，少礼文，好射猎。）

郑、卫与赵相类，然近梁、鲁，微重而矜节。濮上之邑徙野王，野王好气任侠，卫之风也。（班《志》：卫地有桑间濮上之阻，男女亦亟聚会，声色生焉，故俗称郑、卫之音。周末有子路、夏育，民人慕之。故其俗刚武，上气力。宣帝时韩延寿为东郡太守，承圣恩，崇礼义，尊谏诤，至今东郡号善为吏，延寿之化也。其失颇奢靡，嫁娶送死过度。）

夫燕亦勃碣之间一都会也，人民稀，数被寇，大与赵代俗类，而民凋悍少虑。（班《志》：初燕太子丹宾养勇士，不爱后宫美女，民化以为俗，至今犹然。宾客相过，以妇侍宿。嫁娶之夕，男女无别，反以为荣。其俗轻薄无威，亦有所长，敢于急人，燕丹遗风也。）临淄亦海岱之间一都会也，其俗宽缓阔达，而足智好议论，地重，难动摇。怯于众斗，勇于持刺，故多劫人者，大国之风也。（班《志》：管仲身在陪臣，而取三归〔三姓之女〕。故其俗弥侈，其士多好经术，矜功名。其失夸奢朋党，言与行缪，虚诈不情。急之则离散，缓之则放纵。始桓公兄襄公淫乱，姑姊妹不嫁，于是令国中民家长女不得嫁，名曰巫儿。为家主祠，嫁者不利其家，民至今以为俗。）其中具五民，而邹、鲁滨洙泗，犹有周公遗风。俗好儒，备于礼，故其民龊龊俭啬，畏罪违邪。及其衰，好贾趋利，甚于周人。（班《志》：丧祭之礼，文备实寡，然其好学犹愈于俗。）

夫自鸿沟以东，芒砀以北，属巨野，此梁、宋也。其俗犹有先王遗风，重厚多君子，虽无山川之饶，能恶衣食，致其畜藏。（班《志》：沛楚之失，急疾颛己，地薄民贫，而山阳为奸盗。）

以上北方风俗。

越、楚则有三俗。夫自淮北、沛陈、汝南、南郡,此西楚也。其俗剽轻易发怒,地薄,寡于积聚。江陵故郢都,西通巫巴,东有云梦之饶。陈在楚夏之交,通鱼盐之货,其民清刻矜己诺。

彭城以东,东海、吴广陵,此东楚也。其俗类徐僮。朐缯以北,俗则齐浙。江南则越。夫吴自阖庐、春申、王濞三人招致天下之喜游子弟,亦江东一都会也。

衡山、九江、江南、豫章、长沙,是南楚也,其俗大类西楚,与闽中、于越杂俗。故南楚好辞,巧说少信。江南卑湿,丈夫早夭。(班《志》:始楚贤臣屈原作《离骚》诸赋,以自伤悼。后有宋玉、唐勒之属,慕而述之,皆以显名。至汉有枚乘、邹阳、严夫子之徒,兴于文景之际,而淮南王安,亦都寿春,招宾客著书。而吴有严助、朱买臣贵显。汉朝文辞并发,故世传楚辞。其失巧而少信。初,淮南王安异国中民家有女者,以待游士而妻之,故至今多女而少男。)

九嶷、苍梧以南至儋耳,与江南大同俗,而杨越多焉。番禺亦其一都会也。

颍川、南阳,夏人之居也。夏人政尚忠朴,犹有先王之遗风。颍川敦愿,秦末世迁不轨之民于南阳,其俗杂好事,业多贾。

以上南方风俗。

此汉代风俗之大略也。惟西汉重势利,东汉多气节,又为谈当时风俗者所不可不知。

第二节 饮食

汉人饮食，除谷类茶酒外，尚有粽（《续齐谐记》谓始于光武）、饼（《续汉书》：灵帝作麻饼）、馒头（《事物纪原》谓始于诸葛亮）、面粉（《学斋咕哔》：王莽始有啖面之文）之属，以供小餐。其普通制作饮食之法，率以盐豉（见宋玉《九辩》大苦咸酸注，及《史记·货殖列传》、《前汉·食货志》）、醋（《汉武内传》，但醋作酢）佐其烹调，蜜及蔗汁（蜜见《汉武内传》。蔗亦作柘。柘浆见宋玉《大招》，《前汉·郊祀歌》：柘浆析朝酲）助其滋味。其香料，除姜桂外，多用蒜荽及脂麻。（张骞使西域，得来荽，香菜也。）其制作肉食，别有烧割之一法。刘熙《释名》：貊炙全体炙之，各自以刀割食，是也。喜食犬，故屠狗之事，豪杰亦为之。嗜酒之风太甚，高祖初定天下，廷臣饮酒争功，高祖颇为厌之。武帝乃榷酒酤（昭帝罢之，犹令民得以律占租卖酒，升四钱。遂以为利国之一孔。而酒禁之弛，实滥觞于此。孝、宣以后，时禁时开），以严其禁。然未几而禁弛，群饮之风如故。求如邴原之游学，未尝饮酒，既不可多得。求如诸葛武侯之治蜀，路无醉人，尤难数觏云。

第三节　衣服

《汉书·五行志》曰：风俗狂慢，变节易度，则为剽轻奇怪之服，故有服妖。王符《潜夫论·浮侈篇》曰：昔孝文皇帝躬衣弋绨（《汉书音义》：弋，厚也。绨，缯也），革舃韦带。而今京师贵戚衣服、饮食、车舆、庐第，奢过王制，固亦甚矣。且其徒御仆妾，皆服文组彩牒（《后汉书》注：即今叠布也），锦绣绮纨。葛子升越，筩中女布（《说文》曰：绮，文缯也。《前书》曰：齐俗作冰纨。子，细称也。沈怀远《南越志》曰：蕉布之品有三：有蕉布，有竹子布，又有葛焉。扬雄《蜀都赋》曰：布则蜘蛛作丝，不可见风。筩中黄润，一端数金。《荆州记》曰：秭归县室多幽闲，其女尽织布，至数十升。今永州俗犹呼贡布为女子布也），犀象珠玉、虎魄玳瑁，石山隐饰，金银错镂（石山，谓隐起为石山之文也），穷极丽美，转相夸咤。可知当日衣服之好尚矣。然汉末王公名士多委王服，以幅巾为雅。（沈约《宋书·礼志》）今观郑康成、韦彪、冯衍、鲍永、周磐、符融及逸民韩康等传可知。盖轻视冠冕，以洒脱为高，不但开陶靖节角巾之一派，亦魏晋清谈轻脱之雏影也。

衣服之材料，多用布绫（《西京杂记》）、罗（《地理志》及郭宪《洞冥记》）、纱、段、缯（《蔡邕传》）、绢、葛麻、锦绣。冠之类，有帻（蔡邕《独断》及《后汉·舆服志》），有帽（刘熙《释名》），有布巾（《急就篇》：古者士夫有冠无巾，惟庶人有之），妇人则有冠子（《事物原始》）。衣之类有汗衫（《中华古今注》），有袄（《物原》），有袄肚（《古今注》：始汉光武帝）。裳之类有袴褶（《舆服杂事》：始汉武时），有袴（明张萱《疑耀》：古人裤皆无裆，裤之有裆，起自汉昭帝），有抱腹（刘熙《释名》：抱腹上下有带，抱裹其服上无裆者也）。屦之类，有履，有舄，有不藉（草履也），有伏虎头鞋（《中华古今注》）。妇人之首饰，有五采通草花（《物原》：吕后制），有面花（《酉阳杂俎》：昭帝时制）。而袒褐则为贱者之衣。（《汉书·贡禹传》颜注：袒者，谓童竖所着布衣襦。褐，毛布之衣也。）襕衣则为厨人之服。（《中华古今注》：厨人襕衣，厮徒之服也。取其便于用耳，乘舆进食者或服之。董偃绿帻青襦，加襕衣见武帝，厨人服也。）余均与秦以上同。

第四节　仕宦之一班

汉人势利颇重，权倖交横，人轻犯法，仕途溷杂，行私罔上，诈伪相倾。观元帝时贡禹奏言风俗，略谓：武帝纵嗜欲，用度不足。乃行一切之变，使犯法者赎罪，入谷者补吏。是以天下夸侈，官乱民贫，盗贼并起，亡命者众。郡国恐伏其诛，则择便巧史书、习于计簿、能欺上府者以为右职。奸宄不胜，则取勇猛能操切百姓者，以苛暴威服。下者使居上位，故亡义而有财者显于世，欺慢而善书者尊于朝，悖逆而勇猛者居于官。故俗皆曰：何以孝弟为，财多而光荣。何以礼义为，史书而仕宦。何以谨慎为，勇猛而临官。故黥劓而髡钳者，犹复攘臂为政于世。行虽犬彘，家富势足，目指气使，是为贤耳。故谓居官而置富者为雄桀，处奸而得利者为壮士。兄劝其弟，父勉其子，俗之败坏，乃至于是。察其所以然者，皆以犯法得赎罪，求士不得真贤，相守崇财利，诛不行之所致也。仲长统《昌言》有曰：豪人货殖，乐过封君，势侔守令，财赂自营，犯法不坐。及《史记·货殖列传》谓：自廊庙朝廷岩穴之士，无不归于富厚，等而下之，至于吏士舞文弄法，刻章伪书，不避刀锯之诛者，没于赂遗。《平准书》甚言捐纳之滥，可以见矣。

第五节　任侠刺客

自战国豫让、聂政、荆轲、侯嬴之徒以意气相尚，一意孤行，能为人所不敢为，世竞慕之。汉初有田横之客五百人，及贯高、田叔、朱家、郭解辈，徇人刻己，然诺不欺以立名节。而灌夫、汲黯、郑当时、朱云、楼护、陈遵等，并以喜任侠称。驯至东汉，其风益盛。杜季良（葆）豪侠好义，忧人之忧，乐人之乐，清浊无所失。父丧致客，数郡毕至。虽马文渊（援）亦爱之重之。而耿弇父况，至以侠游为字。（袁术、董卓、段颎、贾淑、李固之子燮等，亦好任侠。）可想见当日之习尚矣。时尤慕荆轲之风，公孙述曾遣刺客，制来歙、岑彭之死命。马文渊之对光武有云：臣今远来，陛下安知非刺客？而诞易若是，则以刺客之多，宜动色相戒也。且汉时荐举征辟，必采名誉，故凡可以得名者，必全力赴之。好为苟难，遂成习尚。其大概有数端：是时郡吏之于太守，本有君臣名分，为掾吏者，往往周旋于死生患难之间。如李固被戮，弟子郭亮上书请收固尸；杜乔被戮，故掾杨匡守护其尸不去，由是皆显名（固、乔本传）。第五种为卫相，善门下掾孙斌。种以劾宦官单超兄子匡坐徙朔方。朔方太守董援，超外孙也。斌知种往必被害，乃追及种于途，格杀送吏，与种俱逃以脱其祸。（《后汉·种传》）太原守刘瓆，以考杀小黄门赵津下狱死。王允为郡吏送瓆丧还平原，终三年乃归。（《允传》）公孙瓒为郡吏，太守刘君坐事徙日南，瓒身送之，自祭父墓曰：昔为人子，今为人臣，送守日南，恐不得归，便当长辞。乃再拜而去。（《瓒传》）此尽力于所事，以行其义侠者也。至若感知遇之恩而制服从厚，则有傅奕、李恂、乐恢、桓典、荀爽诸人；以让爵为高，则有韦元成、邓彪、刘恺、桓郁、丁鸿、郭贺、徐贺诸人；轻生报仇，则有何容、郅恽诸人。皆由任侠好气，已成习尚。故志节之士，好为苟难，务欲绝出流辈，以成卓特之行，而不自知其非也。能举世以此相高，故国家缓急之际，尚有可恃以支拄倾危。以视名节绝少之国，国亡而奄奄无生气者，其相去直不可以道里计矣。

第六节　家法

萧相国为家,不治垣屋,曰"后世贤,师吾俭;不贤,毋为势家所夺"。(《史记·萧相国世家》)万石君家以孝谨闻乎郡国。(《前汉·石奋传》)而疏广之示子孙,有贤而多财则损其志,愚而多财则益其过"之语,后世以为名言。马援之以书戒侄也,令其效龙伯高之敦厚周慎,而勿效杜季良之豪侠好义。此等谨饬之论,是亦士大夫救正其子弟骄纵者之一法也。《后汉·党锢传》:范滂以党锢逮捕,其母与之诀曰:汝今与李、杜齐名,死亦何恨。夫滂母一妇人女子耳,而能励其子以忠义,以此见滂之成立有自,而又可征当时风俗之厚也。若夫陈万年为三公而教其子以谄,其无耻已达极点。(《前汉书·陈万年传》:万年始为郡吏,以高第至右扶风,内行修,然善事人。赂遗外戚许史,倾家自尽,竟代于定国为御史。病将死,召其子咸,教戒于床下。语至夜半,咸睡,头触屏风。万年怒,欲杖之。咸曰:具晓所言,大概教咸谄也。)霍光不能治其家,后竟遭族灭之祸。(《前汉·霍光传》:光爱幸监奴冯子都,常与计事。及显寡居,与子都乱。光子禹、兄孙云山皆贵。云山并缮治第宅,走马驰逐平乐馆。云当朝请,数称病私出,多从宾客张围猎黄山苑中。使苍头奴上朝请,莫敢谴者。而显及诸女,昼夜出入长信宫殿中,亡期度。宣帝自在民间，知霍氏尊盛日久，内不能善，显欲贵其女，弑宣帝许皇后，光不忍发举。光薨后语稍泄，后显、禹、云山与范明友、邓广汉谋废立，事觉伏诛。显，光之妻也。）居家者可不戒哉。

第七节　分居

汉人以分居为恶俗，如太史公言：商君治秦，令民有二男以上不分异者，倍其赋。（《史记·商君传》）贾谊言：秦人家富子壮则出分，家贫子壮则出赘。（《前汉·谊传》）班氏《地理志》云：河内薄恩礼，好生分；颍川好争讼生分。黄（霸）、韩（延年）化以为俗，皆以分居为国俗之敝也。汉桓帝之时，更相滥举，时人为之语曰：举秀才不知书，举孝廉父别居。（《抱朴子》）蔡邕与叔父从弟同居，三世不分财，乡党高其义。（《后汉·邕传》）应劭《风俗通》所谓兄弟同居为上也。以分居为恶，同居为美，已成社会上普通之观念。惟陆贾家于好畤，有五男，出所使越得囊中装卖千金，分其子，子二百金，令其生产。不但可谓之达，其卓识固有与今日生计学理相合者。盖同居共财，最长子弟之倚赖性，子弟之衣食常仰给于父兄，遂至不能生利，而仅能分利。故有子弟益多，而父兄益困，父兄匮乏，而子弟因之以无赖者。诚使胥天下之父兄而主张同居共财，是将胥天下之子弟而为分利之人也；胥天下之父兄因同居共财而困难，是将胥天下之子弟而归于无赖也。岂非大戾于生计学理耶！若北魏裴植，虽自州送禄奉母及赡诸弟，而各别资财，同居异爨，一门数灶。唐姚崇遗令，以达官身后失荫，多至贫寒，斗尺之间，参商是竞，欲仿陆生之意，预为分定以绝其后争。斯亦不慕同居共财之虚名，而务求切实者。

又按：分居之俗，自来君主及士大夫皆不以为然。如唐肃宗（乾元元年四月诏）、元宗（天宝元年正月敕），宋太祖（开宝元年六月诏、二年八月诏）、太宗（淳化元年九月诏）、真宗（大中祥符二年三月诏），辽圣宗（统和元年十一月诏）皆下诏禁止或论罪。隋卢思道聘陈，以诗嘲南人，有"共甑分炊饭，同铛各煮鱼"之句。唐李义山《杂纂》以父母在，索要分析为愚昧。宋刘安世劾章惇父在别籍异财，绝灭义理。马亮为御史中丞，上言祖父未葬，不得别财异居。（李元纲《厚德录》）顾亭林痛斥江南之俗，人家儿子娶妇，辄求分异（《日知录》）是已。柴氏绍炳曰：累世同居，自古为美谈。如杨椿、张公艺、江州陈氏、浦江郑氏之属，并见旌异。而袁君载独云：每见义居之家，交争相疾，甚于路人，则甚美反成不美。故兄弟当分，宜早有所定。倘能相爱，虽异居异财，不害为孝义也。余谓一家内外大小，果能同心协力，自当以共居为善。倘其间未免参差，恐难强合而不相得，不如析箸为愈耳。至于父子别籍，若蔡京、蔡攸之各立门户，是则恶孽之大者。然则分居未尝不美，惟《三国志》所言冀州之俗，父子异部，更相毁誉；顾氏《日知录》所言：江浙之俗，父子兄弟各树党援，两不相下，万历以后，三数见之，则真恶俗也。

第八节 居乡

汉士大夫居乡,若召驯之德行恂恂(《后汉·召驯传》:驯,字伯春,儵傥不拘小节,以志义闻乡里,号曰德行恂恂召伯春),张湛之详言正色(《后汉·张湛》:矜严好礼,动止有则,及在乡党,详言正色,三辅以为仪表),许劭之品题乡党人物(《后汉·许劭传》:劭与从兄靖俱有高名,好共核论乡党人物,每月辄更其品题,故汝南俗有月旦评焉。同郡袁绍,公族豪侠,去濮阳令归,车徒甚盛,将入郡界,乃谢遣宾客,曰:吾舆服岂可令许子将见。遂以单车归家),皇甫规之退污吏而进自好之士(《后汉·王符传》:皇甫规为度辽将军,解官归安定。乡人有以货得雁门守者,书刺谒规,规卧不迎。既入而问:卿前在郡食雁美乎?有顷,乡人王符至,规遽起,衣不及带,屣履出迎。时人为之语曰:徒见二千石,不如一缝掖),王烈之化盗(《后汉·王烈传》:烈字彦方,以义行称。乡里有盗牛者,主得之,曰刑戮是甘,乞不使王彦方知也。烈闻之,使遗布一端。后有老父遗剑于路,一人见而守之,老父还寻得剑,怪而问其姓名,以告烈,乃先盗牛者也),郭林宗之化凶德为善良(《后汉·贾淑传》:郭林宗善人伦,而不为危言激论,故宦官擅政而不能伤。其居乡遭母丧,乡人贾淑,字子厚,虽世有冠冕,而性险恶,邑里所共患之者也,来修吊。既而巨鹿孙威直亦至,威直以林宗贤而受恶人吊,心怪之,不进而去。林宗追而谢之,曰:贾子厚诚实凶德,然洗心向善,仲尼不逆互乡,故吾许其进也。淑闻之,改过自厉,终成善士。乡里有忧患者,淑辄倾身营救,为闾里所称),司马均、陈寔、蔡衍之平争讼(《后汉·贾逵传》:东莱司马均,字少宾,安贫好学,隐居教授,不应辟命,信诚行乎州里。乡人有所讦争,辄令视少宾,不直者终无敢言。视即盟誓也,言令于少宾之前发誓也。《陈寔传》:寔在乡里,平心率物,其有争讼,辄求判正,晓譬曲直,退无怨者。《蔡衍传》:衍以礼让化乡里,乡里有争讼者,诣衍决之,所平处皆曰无怨),有足多者。《后汉书·杜密传》:密为北海相,去官还家,每谒守令,多所陈托。同郡刘胜亦自蜀郡告归乡里,闭门扫轨,无所干及。太守王昱谓密曰:刘季林清高士,公卿多举之者。密知昱激己,对曰:刘胜位为大夫,见礼上宾,而知善不荐,闻恶无言,隐情惜己,自同寒蝉,此罪人也。今志义力行之贤而密达之,违道失节之士而密纠之,使明府赏刑得中,令闻休扬,不亦万分之一乎?昱惭服。胡氏《读史管见》曰:如密之论,轩扬激发,固非常士所及。然胜之行深潜静,退可为乡里之式,若密者非惟患出位之讥,亦取祸辱之道也,遇王昱贤者能容之耳。愚谓刘胜居乡,犹效袁盎、张竦、龙述;杜密居乡,犹效陈遵、杜葆。为刘胜易,为杜密难。盖恶直丑正之风,久行于世,刘胜之流,不失为乡愿伎俩,而偏与乡里相宜,且居乡而欲自见才具,遇事干涉,未免迹近武断,常授訾议者以口实。杜密虽不至于武断,而恶之者固多也。三代之盛治始于乡,全恃一二贤有力者,集乡人而谋地方自治。

若人尽如刘胜,则社会之事,谁与肩任?明高忠宪答朱平涵居乡书谓:居庙堂之上,则忧其民;处江湖之远,则忧其君。此士大夫实念也。居庙堂之上,无事不为我君;处江湖之远,无事不为我民。此士大夫实事也。实念实事,凋三光敝万物而常存。夫处江湖之远而忧君为民,其不能如乡愿之流,一意沽乡人之誉也,不待智者而知矣,刘胜者,乃规避取巧之徒,焉能比杜密也。

第九节　乡评

两汉乡举里选,必先考其生平。(《高帝纪》:遗诣相国府署行义年,谓书其平日为人之实迹。《昭帝纪》:元凤元年三月,赐郡国所选有行义者涿郡韩福等五人帛。《宣帝纪》:令郡国举孝弟有行义闻于乡里者各一人。武帝元朔五年,礼官劝学一诏,亦曰崇乡里之化。)一玷清议,终身不齿。君子有怀刑之惧,小人存耻格之风;教成于下而上不严,论定于乡而民不犯。故韩信无行,不得推择为吏。陈汤无节,不为州里所称。主父偃学纵横,诸儒排摈不容。李陵降匈奴,陇西士大夫以为愧。范滂少励清节,为州里所服。蔡邕与叔父从弟同居,三世不分财,乡党高其义。东汉末叶,臧否人伦之风最盛。汝南有许劭月旦之评,遂以成俗。若曳白之徒,倩买文字,侥幸仕进,流俗亦耻之。故阳球奏罢鸿都文学画像疏,至谓:假手倩字,妖怪百出,有识掩口。盖公是公非,无所假借,斯固三代直道之仅存者也。

第十节　婚娶

　　嫁娶太早，尤崇侈靡，贫人不及，故多不举子。（并见《前汉·地理志》、《王吉传》，及《后汉·王符传》。）举行之时，大率以父主婚（《王吉传》：翁主，颜注言其父主婚也），而有幕帷之俗（《通典》：东汉魏晋以来，时或艰虞，岁遇良吉，急于嫁娶，乃以纱縠蒙女首，而夫氏发之，因拜舅姑，便成婚礼，六礼俱废），有撒帐之俗（《事物原始》：李夫人初至，帝迎入帐中共坐，欢饮之后，预戒宫人遥撒五色同心花果，帝与夫人以衣裾盛之，云得果多，得子多也）。结婚自由（司马相如之于卓文君），离婚自由（朱买臣妻因贫求去）。配合之时，不论行辈。（汉惠帝后张氏，乃帝姊鲁元公主之女，则帝之女甥也。哀帝后傅氏，乃帝祖母傅太后从弟之女，则外家诸姑也。又江都王建女细君，嫁乌孙昆莫，其孙岑陬欲尚之，武帝竟诏从其请。）一夫多妻之制盛行，公侯之宫美女数百，卿士之家侍妾数十。（仲长统《昌言》）重男轻女之风亦盛。宣帝时王吉上疏，至谓：汉家列侯尚公主，诸侯则国人承翁主。（《吉传》晋灼曰：娶天子女曰尚公主。国人娶诸侯女曰承翁主。）使男事女，夫诎于妇，为逆阴阳之位。斯亦昧于敌体之义者矣。其时女子私夫不以为讳。如武帝之姊馆陶公主寡居，宠董偃十余年，武帝至主家呼偃为主人翁，后主竟与董偃合葬；(《东方朔传》)昭帝之姊安鄂邑盖公主寡居，私通丁外人，帝与霍光闻之，不绝主欢，诏丁外人侍主，是也。桓宽《盐铁论》云：送死殚家，遣女满车。此等事司马迁、班固亦三致意焉。马季长（融）谓嫁娶之礼俭，则婚者以时矣；丧祭之礼约，则终者掩藏矣。亦有心世道之言也。

第十一节 丧葬

自汉文短丧之诏下，而大臣不行三年丧，遂为成例。统计两汉臣僚为父母服三年者甚少。邓衍不服父丧，明帝闻之，虽薄其为人，然朝廷本无服丧定例，故亦不能以此罪之。其臣下丁忧，自愿行服者，则上书自陈。有听者，有不听者，亦有暂听而朝廷为之起复者。又因两汉丧服无定制，听人自为轻重，于是循名义者宁过无不及。除江华、东海王臻、原涉(《游侠传》)、铫期、韦彪、鲍昂(《鲍永传》)、袁绍等之丧父母三年外，尚有为父及后母行六年服之薛包(《刘赵淳于传》)，为后母服丧三年之公孙宏，为举主服丧三年之傅毅、荀爽、桓鸾，为郡将服丧三年之李洵、桓典、王允，以师丧持服之侯芭、冯胄（前汉戴德亦为朋友服丧三月），以期功丧去官之崔寔、韦义、杨仁、谯元、马融、陈寔、戴封、贾逵焉。人未死之前，则有生圹(《赵岐传》)。既死之后，则有招魂（武帝于李夫人），有挽歌（田横之客作《薤露》、

《蒿里》），有行状（裴松之《三国志》注引用先贤行状甚多），有堪舆相地吉凶（《汉书·艺文志》有《堪舆金匮》书十四卷）。既葬之后，有碑文（欧阳修《集古录》），有墓志铭（《郭太传》：蔡邕自谓为碑铭甚多。亦有自作碑文者，如赵嘉、傅奕、杜子夏是也）。而墓上须种柏作祠堂（《龚胜传》），祠堂之内常设影堂，顾亭林所谓尸礼废而像事兴者也。墦间之祭始于周人，而汉人亦尚墓祭。桥元之死，曹操感其知己，于寒食时，自为文以炙鸡斗酒祭于其墓。（制文为寒食墓祭，始此。）盖汉人以宗庙之礼移于陵墓，有人臣而告事于陵者（苏武），有因上冢而会宗族故人及郡邑之官者（楼护、班伯），有上冢而大官为之供具者（董贤），有人主而临人臣之墓者（光武于樊重，先主于霍峻），有赠谥而赐之于墓者（肃宗于阴兴夫人），有庶人而祭古贤之墓者（《东征赋》：民亦缋其邱坟）。人情所趋，遂成风俗。其流弊，有如杨伦行丧于恭陵者矣；有如赵宣葬亲而不闭埏隧，因居其中行服二十余年者矣。至乃市井小人，相聚为宣陵孝子者数十人（《蔡邕传》），皆除太子舍人。此其坏礼教之尤者也。当时厚葬之俗，系沿春秋列国之旧。至于引盗贼之发掘，虽帝王陵寝亦所不免。（《汉书·王莽传》：赤眉发掘园陵。《晋书·索綝传》：建兴中，盗发汉霸、杜二陵。案文帝霸陵、宣帝杜陵。）刘更生（向）《谏起昌陵疏》所为痛陈厚葬之祸，而引吴阖闾、秦始皇以为戒也。若龚胜、张奂主张薄葬以免发掘，贡禹、周磐、王符、赵咨皆深不以厚葬为然，杨王孙至裸葬以挽流俗。王孙答友人书，大概谓体魄无知，死欲速朽。赵咨与子书意同。其针砭当世，殊激切矣。（汉成帝、明帝、和帝亦曾下诏禁民葬埋逾制。）

第十二节　淫祀

古者祀典掌于秩宗。《周礼》春官一职，厘然不紊。春秋以降，渐有淫祀。秦汉之际，方士说兴，淫祀更不可究诘，观史迁《封禅》一书可知矣。然《封禅书》之作，史迁具有深意，其终曰：无有验，无有效，其心如揭也。贡禹、匡衡、韦元成、谷永力辟淫祀，汉之郊祀赖其驳奏，古制复存。然王莽末年，犹崇淫祀千七百所。应劭《风俗通·祀典篇》于淫祀及神怪禁忌之事多所指斥匡正。其《正失篇》又力斥汉武封禅延寿、王乔仙令、东方朔太白星精、淮南王安神仙、王阳能铸黄金及天雨粟、日再中、虎渡河、马生角等说为不经。王符《潜夫论》亦甚言巫祝祈祷之糜费无益。宋均则师西门豹，禁河伯娶妇之故智，杀巫以禁九江公妪奉神之俗。第五伦则按论依托鬼神恐怖愚民者，以禁会稽之淫祀。议论之正，立禁之严，固皆有心世道者。然迷信既深，有朝禁而夕弛，此息而彼兴者，毋亦民智未开之故耶。

第十三节　佛道

佛法之入震旦也，据别史所言，或谓秦时与室利防等交通，西汉时从匈奴得金人，实为我国知有佛之嚆矢，真伪第弗深考，其见于正史信而有征者，则东汉明帝永平十年西印度之摄摩、竺法兰二师应诏赍经典而至，于是佛之教义始东被，然我民族宗教迷信之念甚薄，不能受也。至桓帝始自信之，兴平间，民间亦渐有信者。自此经三国以至六朝隋唐，遂为佛教极盛之时代。道者，老学之支流也。老学有二派：一丹鼎派，二符箓派。丹鼎派起于汉初。符箓派起于汉末，道教即符箓派也。顺桓间，宫崇襄楷，始以于吉神书上于朝，后张角用其术以乱天下。同时张道陵亦传此术，密相传授，延至后世，仰为真人，奉为天师。自是南北朝士夫习五斗米道者（五斗米，即张道陵教派之名）史不绝书。而寇谦之最显于北，陶宏景最显于南，六艺九流一切扫地，而此派独滔滔披靡天下矣。

第十四节　奴婢

《说文》曰：奴婢，古之罪人。按《书》曰：予则奴戮汝。《论语》曰：箕子为之奴。即《周官》所谓罪隶之奴也。《春秋》传曰：斐豹，隶也。著于丹书，请焚丹书，我杀督戎。耻为奴，欲焚其籍也。神州旧俗，无所谓奴婢，有之乃从坐而没入者耳。於戏！均产主义不复行于吾国，则人数中不能无奴婢一伦，吾滋痛尔。先王分土授田，一夫无失其所。当彼其时，事父兄者子弟也，事舅姑者子妇也。《周官》九职，臣妾聚敛疏材，质人掌民人之质剂，盖役于士大夫之家，如后世所谓官奴耳。战国秦汉以后，平民始得相买为奴。（《汉书·货殖传》：齐俗贱奴虏，而刁间独爱贵之。桀黠奴，人之所患也，惟刁间收取，使之逐鱼盐之利，或连车骑，交守相。然愈益任之，终得其力，起家数十万。又《高祖本纪》：五年夏五月，诏民以饥饿自卖为人奴婢者，皆免为庶人。）然若汉制严卖人法（《后汉书·世祖本纪》：建武七年五月，诏吏人遭饥乱，及为青徐贼所掠为奴婢下妻，欲去留者悉听之，敢拘制不还，以卖人法从事），与唐律不许典贴良人男女作奴婢驱使，则犹欲从古之道。至若罪隶舂藁之属，从坐没入者，犹必恤爱之。是故汉制，有杀奴婢之禁，有灼炙奴婢之禁。（《后汉书·世祖本纪》建武十一年二月诏曰：天地之性人为贵，其杀奴婢不得减罪。八月诏曰：敢有灼炙奴婢论如律，免所灼者为庶人。）其后立奴婢与庶人犯罪平等之律（建武十一年十月，诏除奴婢射伤人弃市律），又其后诏从没者悉免为庶人（《后汉书·孝安帝本纪》：永初四年二月，诏没入官为奴婢者，免为庶人）。呜呼！吾汉世盖俨然有释奴之风矣。顾亭林曰：士大夫之家所用仆役，令出赀雇募。苟不由此，则对于奴婢苛虐既失之，宽纵亦失之。无已，则有取于袁氏之治家（《袁氏世范·治家篇》言待奴婢最详，多可取），然尚未去奴婢之名也。吾知他日世界进化，对于奴婢必有两事，一在实行一妻之制，而先之以唐甄之去奴婢（唐甄《潜书》有去奴婢一篇，言去阉也），则庶几近古之风，而不须别立禁制也。

第十五节　诗歌

汉人以《三百五篇》当谏书（《前汉·王式传》），又自孝武立乐府而采歌谣，于是有代赵之讴，秦楚之风。皆感于哀乐，缘事而发，亦可以观风俗、知厚薄焉。（《前汉·艺文志》诗歌类）虽然，赋亦古诗之流也。故当时言语侍从之臣，若司马相如、虞邱寿王、东方朔、枚皋、王褒、刘向之伦，皆朝夕论思，日月献纳。而公卿大臣兒宽、孔臧、董仲舒、刘德、萧望之等，时时间作，或以抒下情而通讽谕，或以宣上德而著忠孝（班固《两都赋序》），其作用与今之报纸等，以予所闻。东方朔不失为主文谲谏，相如、扬雄则常以贡媚献谀为事，班固《两都》、张衡《两京》，庶乎讽谏切至者。又徒歌为谣，若翟方进坏陂之谣（《前汉》本传），赵飞燕张公子之谣（《前汉·外戚传》），及桓灵时之童谣（《后汉》本纪），或刺政贪，或言党祸，或指中常侍之乱，皆系实录，足以警戒人主焉。

汉武柏梁台联句，有"三辅盗贼天下危，盗阻南山为民灾，外家公主不可治"之句，足见当时臣下能指斥时事。而朱虚侯（刘章）之《耕田》，张衡之《四愁》，梁鸿之《五噫》，蔡琰之《悲愤》，江都王建女细君之《悲愁》，皆发于忧国爱国之忱，不可多得。以及班婕妤《怨歌行》之"凉飙夺炎热，恩情中道绝"，辛延年《羽林郎》之"男儿爱后妇，女子重前夫。人生有新故，贵贱不相逾。多谢金吾子，私爱徒区区"，《陌上桑》之"使君自有妇，罗敷自有夫"，窦元妻所歌之"衣不如新，人不如故"，不但见其爱情之缠绵，节操之凛烈，亦即所以讽人主，使之注意新故也。其对于循吏之有感情者，除白公、召父、杜母、贾父外，其朱晖、张堪、范丹、廉范、樊晔等传，可取而观焉。以视"颍水"之歌灌夫，"印累绶若"之歌石显，好恶迥不侔矣。嗟夫！"男儿重意气，何用钱刀为。"此卓文君之《白头吟》也，可以增人豪气。"枭骑战斗死，驽马徘徊鸣。"此汉铙歌之《战城南》也，可以激发人尚武精神。至诸葛武侯为《梁父吟》，崇拜义侠，其自负亦岂小耶！

第十六节　言语

（甲）名称。一、先生。汉时先生二字，或称先，或称生。如《史记·晁错传》：错初学于张恢先所。《汉书》则云：初学于恢生所。一称先，一称生。又《晁错传》：诸公皆称为邓先。《贡禹传》：朕以生有伯夷之廉。或称先，或称生。颜注皆训为先生，是也。二、足下。足下乃战国时人主之称。（苏代遗燕昭王书、乐毅报燕惠王书、苏厉与赵惠文王书及苏秦说燕易王、范雎见秦昭王，皆称足下，是也。）楚汉之交，郦生说沛公亦称足下；汉兴犹然，《汉书·文帝纪》：丞相臣平、太尉臣勃、主客臣揭等再拜言大王足下，是也。后遂为彼此通称矣。三、门生。汉世公卿多自教授，聚徒至数百人，其亲受业者为弟子，转相传授者为门生。（见欧阳公《孔宙碑阴名跋》）顾亭林则谓汉人以受学者为弟子，其依附名势者为门生。引《郅寿传》：窦宪使门生诣寿。《杨彪传》：王甫使门生辜榷。以宪外戚，甫奄人，不应有转授之门生为证。实则二说皆可存也。四、臣。对人称臣，亦战国之余习。《史记·高祖纪》吕公曰：臣少好相人。张晏曰：古人相与言多称臣，犹今人相与言自称仆也。天下已定，廷臣对诸侯王虽称臣，其后此风遂息，仅王官于国君、属吏于府主称之。然汉之诸侯王有自称臣者，齐哀王之遗诸侯王书称臣，是也。天子有自称臣者，如高祖之奉玉卮为太上皇寿，景帝之对窦太后，皆称臣，是也。五、人君。《汉书》高帝诏曰：爵或人君，上所尊礼。颜师古曰：爵高有国邑者，则自君其人，故云或人君也。是人臣亦可称人君也。六、本朝。汉人有以郡守之尊称为本朝者。《司隶从事郭究碑》云：本朝察孝，贡器帝庭。《豫州从事尹宙碑》云：纲纪本朝。是也。亦谓之郡朝。《后汉·刘宠传》：未尝识郡朝。是也。亦谓之府朝。《晋书·刘琨传》：造府朝。是也。七、殿。人臣之屋称殿。观《汉书》霍光、黄霸、董贤等传及《三国志·张辽传》可知矣。八、法驾。《后汉·鲍宣传》：为豫州牧，行部乘传去法驾。是法驾人臣亦得称之也。九、万岁。万岁为当时相庆贺之通称。《后汉·吴良传》注引《东观汉记》：岁旦，郡门下掾王望举觞上寿，掾史皆称万岁。及《后汉》韩稜、马援、冯鲂等传，亦多称人臣为万岁，是也。然李固出狱，京师市里皆称万岁，遂为梁冀所疾，而卒以见杀。亦可见其为非常之辞矣。

母家，亦谓之外家。《后汉·王符传》：符，安定人，安定俗鄙庶孽，而符无外家，为乡人所贱。著书三十篇，号《潜夫论》。宋黄山谷所谓"解著《潜夫论》，不妨无外家"者也。

（乙）谚语。以权利合者，权利尽而交疏。（《郑世家》赞）能行之者未必能言，能言之者未必能行。（《孙吴传》赞）变古乱常，不死则亡。（《袁盎传》赞）不知其人视其友。（《张冯传》赞）当断不断，反受其乱。（《春申君传》赞）桃李不言，下自成蹊。（《李将军传》赞）百里不服樵，千里不贩籴。（《货殖传》）千金之子不死于市。（同上）农不如工，工不如商，刺绣文不如倚市门。（同上）窃钩者诛，窃国者侯。侯之门，仁义存。（《游侠传》）人貌荣名。（同上）利令智昏。（《平原君虞卿传》赞）力田不如逢年，善仕不如遇合。（《佞幸传》）此见于《史记》者。千人所指，无病而死。（《王嘉传》）水至清则无鱼，人至察则无徒。（东方朔《客难》）不习为吏，视已成事。（《贾谊传》）前车覆，后车诫。（同上）投鼠而忌器。（同上）狡兔死走狗烹，飞鸟尽良弓藏，敌国破谋臣亡。（《韩信传》）遗子黄金满籯，不如教子一经。（《韦贤传》）前有赵张，后有三王。（赵广汉等传）萧朱结绶，王贡弹冠。（《萧望之传》）惟寂寞自投阁，爰清净作符命。（《扬雄传》）楚人沐猴而冠。（《项籍传》）妇儿人口不可信。（《陈平传》）以管窥天，以蠡测海。（《东方朔传》）狧糠及米。（《吴王濞传》）此见于《前汉书》者。万事不理问伯始，天下中庸有胡公。（《胡广传》京师谚）车如鸡栖马如狗，疾恶如风朱伯厚。（即朱震也。《陈蕃传》三辅谚。）灶下养，中郎将；烂羊头，关内侯。（《刘圣公传》）城中好高髻，四方高一尺。城中好广眉，四方且半额。城中好大袖，四方全匹帛。（《马援传》马廖引）贵易交，富易妻。（《宋宏传》）关西出将，关东出相。（《虞诩传》）孤犊触乳，骄子骂母。（《循吏·仇览传》）此见于《后汉书》者。又刘向《别录》引：唇亡而齿寒。河水崩，其坏在山。《新序》引：蠹喙仆柱梁，蚊芒走牛羊。应劭《风俗通》引：狐欲渡河，无奈尾何。妇死腹悲，惟身知之。县官漫漫，怨死者半。金不可作（音做），世不可度。（点破秦皇汉武。）桓谭《新论》引：人闻长安乐，则出门而西向笑。知肉味美，则对屠门而大嚼。《牟子》（东汉牟融）引：少所见多所怪，见橐驼言马肿背。《易纬》引：一夫两心，拔刺不深。蹞马破车，恶妇破家。崔寔《四民月令》引农语：三月昏，参星夕；杏花盛，桑叶白。河射角，堪夜作；犁星没，水生骨。郑康成《月令注》引里语：蜻蛉鸣，衣裘成。蟋蟀鸣，懒妇惊。马总《意林》卷四引汉王逸《正部论》：政如冰霜，奸宄消亡。威如雷霆，寇贼不生。《意林》卷五引《魏子》：己是而彼非，不当与非争。彼是而己非，不当与是争。

上所举或达世情，或识治体，或持清议，或寓讥讽，亦可略考当时民情矣。而尤以"金不可作，世不可度"之语为切中时弊。

（丙）方言。《公羊》多齐言，《淮南》多楚语，此易考见者。扬子《方言》其目甚繁，难于枚举。今将许氏《说文》中方言之最著者录于下。

僷　僷同，宋卫之间谓华僷僷。《方言》：凡美容谓之弈，或谓之僷。宋卫曰僷。段玉裁按：僷亦作僷。僷僷，轻薄美好貌。按吾萍语，谓美容曰飘僷，或谓之飘飘僷僷。

倩　人美字也。《东齐》：婿谓之倩。段按郭云：言可借倩也，盖方俗语谓请人为之。

你　乃里切，音近昵，上声，秦人呼旁人之称。《玉篇》云：尔也。按小学诸书，皆详于自称，而略于称人之名。《尔雅》：卬，吾台予朕身甫余，言我也，朕余躬，身也。台朕赉畀卜阳，予也。注疏家谓赉畀卜，当训赐予之予，与自称无涉，其余则自称之名。故即史传所载，称人之名曰君，曰公，曰卿，均尊之之辞。若足下、陛下、阁下、执事，则并不敢直呼其人，而指其左右，皆未可为通称。其与我为对文者，惟称子为雅驯。《孟子》：子亦来见我。《诗》：子不我思。如尔汝则为轻贱之辞。故孟子以为非人所愿受，尔汝之音，转之为而、为若、为乃。小《尔雅》：而乃尔若，汝也。《通雅》：尔汝而若，乃一声之转。尔，古文为尒，俗加人旁作你，读为乃里切，今世俗所通行者。

娭　女人自称我也。按郝户部《尔雅义疏》：今伊犁乌鲁木齐回民称女曰娭哥。而《后汉书》长沙武陵蛮，相呼为娭徒。章怀太子注：娭音胡朗反。入匣母，竟与吾萍乡土语自称曰颃之入匣母者适合。（颃去声，有下浪切。）夫范书本记长沙武陵之语，吾萍接壤长沙，窃意孙吴建县之初，县境当有割自长沙者，古音古语犹有存焉，可谓千载孤证。又按娭转为卬字，别音通。《尔雅》：卬，我也，自称之名。吾萍人自称曰颃，有引卬须我友为证者。盖卬既可证颃，则颃实可证娭矣。卬为娭之转，娭为颃之正。故郭注《尔雅》亦云卬犹娭也。又北人称我曰俺，郝户部谓与娭卬我亦一声之转，俺音近暗，而萍语颃字，或读如憾，吾萍前辈刘金门宫保诗，所谓幸（即衡字，萍语称人曰衡）随憾及看龙船者也。俺为娭之转，俺憾音近，则用颃如用俺，用俺如用娭也。

媦　楚人谓女弟曰媦。

嬗　迟钝也，阘嬗亦如之。《长笺》：阘嬗，浙省方言曰阿带，愚戆貌。阿入声，带平声。一曰阿呆。按吾江西及湖南谓痴呆为带子，书痴为书带子。

娃　圜深目貌也。或曰吴楚之间谓好娃。段注《方言》：娃，美也。吴楚衡淮之间曰娃，故吴有馆娃之宫。娃于佳切，音哇，今其地答人美好之事，尚称好娃。

姐　蜀人谓母曰姐，淮南谓之社。从女且声，读若左。段注：羌人呼母一曰嫚。按吾江西万载人呼母亦曰姐。

㛷　有所恨痛也。今汝南人有所恨，言大㛷。

婴　秦晋谓细为婴。

挸（掩）　自关以东，取曰挸。《方言》曰：掩，索取也，从手弇声，一曰覆也。

喌　呼鸡重言之，从吅州声，读若祝。段注：当云喌喌，呼鸡重言之也，浅人删之耳。夏小正，正月鸡桴粥粥也者，相粥之时也。按一本作相粥粥，呼也。粥喌古今字，鸡声喌喌，故人效其声呼之。《风俗通》曰：呼鸡朱朱。喌与朱音相似，祝者，引致禽畜和顺之意。则祝当重谓喌喌，读若祝祝也。《左传》：州吁，《谷梁》作祝吁。《博物志》：祝鸡翁善养鸡，故呼祝祝。

咦　南阳谓大呼曰咦。

喽　良遇切，吴人呼狗。

咣　羌去声，秦晋谓儿泣不止曰咣。

聛　益梁之州谓聋为聛。秦晋听而不聪，闻而不达，谓之聛。

聉　吴楚之外，凡无耳者谓之聉言，若断耳为盟。段按：聉五滑切，无耳，吴楚语。

眄　目偏合也，一曰衺视也。秦语。

眗　吴楚谓瞋目顾视曰眗。

餪　乃管切，音馁。女嫁三日送食曰餪。

餽　吴人谓祭曰餽。

膿　益州鄙人言人盛讳其肥谓之膿。段注：膿假借作壤。邹阳上书亦云：壤子王梁代。

腴　读若繇，牛胁后髀，前合革肉也。段注：合革肉者，他处革与肉可分剥，独此处不可分剥也，《七发》所谓犓牛之腴。《毛传》云：射左腴。《三苍》云：腴，小腹两边肉也。

縣，敷绍切，今俗谓牲肥者曰膘壮。音如标。

夥　齐谓多也。《方言》曰：大物盛多。齐宋之郊，楚魏之际曰夥。按今楚人言夥计。

肨　匹绛切，顾亭林《唐韵正》云：今人谓体肥为胖。即古之丰字。

戚　又取也。段按：《方言》担摣，取也。南楚之间，凡取物清泥中，谓之担，或谓之摣。

八　别也。段按：今江浙俗语，以物与人谓之八，与人则分别矣。按吾江西及湖南亦然，但八音，读若把。

此《说文》中之方言也。至于毛与多谢等语，则又可以考焉。

毛　《汉书·高惠高后文功臣表》：靡有孑遗，耗矣。师古注：今俗语犹谓无为耗，音毛。《后汉书·冯衍传》：饥者毛食。李贤注：按衍集毛字作无，今俗语犹然，或古亦通乎。按谓无为毛，两汉唐宋相沿已久。曾慥《高斋漫录》载钱穆父折简召东坡食皛饭，以盐、萝、葡饭为三白。东坡再召穆父食毳饭，以毛盐、毛饭、毛萝葡为三毛。谓以毛为无，乃蜀语。又《佩觿集》：河朔谓无为毛。《通雅》：江楚广东呼无曰毛。

多谢　辛延年《羽林郎》诗：多谢金吾子。《汉书·赵广汉传》注：多问者言殷勤，若今千万问讯也。陶靖节诗亦有多谢绮与用之句。

阿谁　《蜀志·庞统传》：向者之论，阿谁为失。

手下　《江表传》：孙策谓太史慈曰：先君手下兵数千余人，尽在公路许。又曰：卿手下兵宜将多少自由意。

负　老母之称。《史记·高祖本纪》：常从王媪武负贳酒。《汉书》注如淳曰：俗谓老大母为阿负。师古曰：《列女传》云：魏曲沃负者，魏大夫如耳之母也。古语谓老母为负耳。

公　妇谓舅也。《前汉书·贾谊传》：与公并倨。

了了（慧也，晓解也。后汉《孔融传》：小而了了，大未必奇。

收债　《战国策》：冯谖为孟尝君收责于薛。《史记》作收债。

媪　母老之称。《史记·高祖本纪》：常从王媪武负贳酒。

姊　楚人谓姊为姊。

姞　《释名》：青徐呼女曰姞。姞，忏也。女始生，人意不喜，忏忏然也。扬子《方言》：吴人谓女曰姞。五故切，音误。

嫶冥　《前汉·外戚传》嫶妍太息注晋灼曰：三辅谓忧愁面省疲曰嫶冥。嫶妍，犹嫶冥也。

寄居　《前汉·息夫躬传》：归国未有第宅，寄居邱亭。

不中用　《史记·始皇本纪》：吾前收天下书不中用者。《外戚世家》：武帝择宫人不中用者斥出归之。《王尊传》：其不中用，趣自避退，毋久妨贤。

小家子　《汉书·霍光传》：使乐成小家子，得幸将军。

主人翁　《史记·范雎传》：主人翁习知之。

十八九　《汉书·丙吉传》：至今十八九矣。

年纪　《光武纪》：建武十五年诏下州郡，检核垦田顷亩及户口年纪。

分付　《汉书·游侠原涉传》：分付诸客。

交代　《汉书·盖宽饶传》：及岁尽交代。《白虎通义》：封禅必于泰山何？万物之始，交代之处。

什物　《后汉·宣秉传》：即赐布帛帐帷什物。

晓示　《汉书·循吏童恢传》：吏人有违犯禁法，辄随方晓示。《班超传》：令晓示康居王。

主者　《史记·陈丞相世家》：各有主者。《后汉·刘陶传》：事付主者，又主者旦夕迫促。《乐巴传》：主者欲有所侵毁。

传语　《后汉·清河王庆传》：令庆传语中常侍。

收拾　《光武纪》：吏人死亡，或在坏垣毁屋之下，而家羸弱不能收拾者。

寻思　《汉书·循吏刘矩传》：以为忿恚可忍，县官不可入，使归更寻思，讼者感之。

见在　郑康成《周礼·夏官》藁人亡者阙之注：阙，犹除也。弓弩矢箙，弃亡者除之，计今见在者。

比数　郑康成《周礼·大司马》简稽乡民注：简，谓比数之。

先辈　郑康成《诗·采薇》笺：今薇生矣。先辈可以行也。

如今　郑康成《诗·杕杜》笺：征夫如今已闲暇，可归也。

杂碎　《后汉·仲长统传》：百家杂碎，请用从火。

普请　《三国志·吕蒙传》：孤普请诸将，咨问机宜。

牢固　《三国志·陆抗传》：吾宁弃江陵而赴西陵，况江陵牢固乎。

享福　《后汉书·郎颛传》：是故高宗以享福，宋景以延年。

久住　《蜀志·诸葛传》：是以分兵屯田，为久住之基。

暂住　《吴志·钟离牧传》：闻君意顾，故来暂住。

长住　《易林》：乾作圣男，坤作智女，配合成就，长住乐所。

扇　须缘切，《淮南子》：左拥而右扇之。又束皙《补亡诗》：八风代扇。

开张　《释名》：袂，掣也。掣，开也。开张之以受臂屈伸也。诸葛孔明《前出师表》：诚宜开张圣听。

临场　《后汉·刘表传》论：临场决敌，则悍夫争命。

辞谢　《史记·吕后纪》：代王使人辞谢。

清亮　《后汉·郎颛传》：清亮自然。

奉行故事（《书》：率百官若帝之初传，顺舜初摄帝位故事，奉行之。

管事　《史记·李斯传》：赵高以刀笔吏入秦宫，管事二十余年。

那　音乃贺切。《后汉书》：公是韩伯休那。注：那语余声。

些欸乃　《弇州山人稿》：宋玉之些，子云之欸乃。皆方言也。欸乃音袄霭，湘中人泣舜之余声也。

罢休　《史记》吴王谓孙武曰：将军罢休。今苏州语谓罢必缀一休字。

抓　音琶，搔也，扫也。见《淮南子》。

数　责人也。范雎之数须贾，汉高之数项羽，是也。今苏州谓责人曰数说。

胝　《周礼·考工记》凡昵之类不能方注：胝，亦黏也。今苏州谓发粘亦曰胝。

钻　班固答宾戏：商鞅挟三卫以钻孝公。钻即钻营之意，今谓善趋权势曰善钻，谓善钻者为头尖，犹钻物之钻，以尖而易入也。又吾萍语谓入曰钻，如进去曰钻，进去好弄曰闹里钻，是也。

放手　《后汉书》：残吏放手。今苏州谓贪纵为非曰放手。

卒暴　《前汉·陈汤传》：兴卒暴之师。卒音猝，今太仓州谓性急为卒暴。

勃窣　窣音孙，入声。《司马相如传》：婆珊勃窣上金堤。今嘉定呼人体笨行步不轻脱，曰勃窣。

伈俿　音如炽腻，谓人进退不果也。司马相如《赋》：仡以伈俿。师古又音态碍，今嘉定亦有此语。

发笑　《前汉·司马迁传》：适足以发笑而自點耳。嘉定俗指可鄙笑曰发笑。

𣪥襹　《古乐府》：今世𣪥襹子，触热向人家。今俗谓人懒惰不振作，及不自整理物件曰𣪥襹。而嘉定谓人性乖劣曰𣪥襹。

鏖糟　《汉书·王霸传》鏖兰皋下注：世俗以尽死杀人为鏖糟，盖血肉狼藉之意也。今俗谓污秽之物曰鏖糟，而京师糟皋之语亦本于此。

蒂芥　《前汉·贾谊传》细故蒂芥何足以疑注：蒂芥，小鲠也。又司马相如《上林赋》：曾不蒂芥。按今俗谓小嫌曰芥蒂。

掉磬　《礼·内则》郑注：虽有勤劳不敢掉磬疏。崔氏云：北海人谓相激事为掉磬。《隐义》云：齐人谓相绞讦为掉磬。按即今俗语所谓掉皮之所本。

几所　里所　《前汉·疏广传》问金余尚有几所注：几所，犹几许也。《张良传》父去里所复还注：里所，犹里许也。

无赖　《汉书·高帝纪》：始大人常以臣无赖。

客作　《野客丛谈·吴曾漫录》曰：江西俚俗骂人曰客作儿。按陈从易诗：枇杷客作儿。今人斥受雇者为客作。此语殆始于南北朝，观袁翻谓人曰：邢家小儿为人客作章表。可知按《后汉·匡衡传》：衡乃与客作而不求价。《三国志》：焦先饥则为人客作，饱食而已。则此语殆始于汉。

痴种　《越绝书》：慧种生圣，痴种生狂。今嘉定俗骂人曰痴种。

乞儿　《汉官仪》曰：明帝临轩雍，历二府，光观壮丽，而太尉府独卑陋。显宗东顾叹息曰：椎牛纵酒，勿令乞儿为宰。

老狗　《汉武故事》：栗姬尝骂上为老狗。

酒家儿　见《栾布传》。

无肤子　见《前汉书》。

妳妳　焦仲卿妻《古诗》云：媒人下床去，诺诺复妳妳。

小姑　《古乐府》焦仲卿妻词曰：却与小姑别，泪落连珠子。

妹婿　《三辅决录》：赵岐取马续女宗姜为妻。续兄子融，岐曰：妹婿之故，屈志于融。

郎君　《世说》：诸葛瑾为豫州，遣别驾诣台，语云小儿恪知谨，卿可以语速。速往诣恪，恪不相见。后相遇，别驾唤恪，咄咄郎君云。

先后　《郊祀志》：见神于先后宛若。孟康曰：古谓娣姒。今关中呼为先后。

累重　《西域传》：慕民壮健有累重敢徙者，诣田作。注：累谓妻子家属也。今嘉定俗呼妻子曰贱累，又子女多曰累重。

眷　亲属也，字或作婘。《史记·樊哙传》：诛诸吕婘属。又《五代史·裴皞传》：裴氏自晋魏以来，世为名族，居燕省者号东眷，居凉者号西眷，居河东者号中眷。按今通称有家眷、女眷、亲眷之目。

索妻　即娶妻也。《关羽传》：孙权遣使索羽女为子妇。又《隋书·房陵王传》独孤后曰：为伊索得元家女。今临晋亦谓娶妻为索妻，而吾萍则谓之讨亲，讨亦索之义也。

有身 《高帝纪》：已而有娠。孟康曰：娠音身。《汉书》：身多作娠，盖古今字也，今俗亦有谓怀孕为有身者。

主故 见《后汉书》。

亡聊赖 无所事事也。《前汉·张释之传》：尉窘亡聊赖。

不快 《后汉·华陀传》：体有不快，起作一禽之戏。今俗谓人有病曰不快活，一曰不舒服，自称有病亦然。

人道我 《毛诗》愿言则嚏注曰：今俗人嚏曰人道我。今人喷嚏，必曰有人道我。

沾寒 《史记·滑稽传》：置酒而天雨，陛楯者皆沾寒。吾萍语谓有寒疾亦曰沾寒。

财主 《世说》陈仲弓曰：盗杀财主，何如骨肉相残。

鲜翠 王伯厚《困学纪闻》评诗陆务观记：东坡诗翠欲流。谓蜀语鲜翠，犹言鲜明也。愚按嵇叔夜《琴赋》云：新衣翠粲。李周翰注：翠粲，鲜色。李善注引《子虚赋》：翕呷翠粲。张揖曰：翠粲衣声，《汉书》作萃蔡。班婕妤赋：纷綷縩兮纨素声。其义一也。以鲜明为翠乃古语。

当 《正字通》：凡出物质钱，俗谓之当。《后汉·刘虞传》：虞所赍赏，典当胡夷，瓒复抄夺之。注：当，音丁浪反。

搜牢 牢音潦。《后汉·董卓传》：卓纵放兵士，突其居舍，淫略妇人，剽虏资财，谓之搜牢。注：言牢周者，皆搜索取之也。一曰牢，漉也。二字皆从去声。

姘 《仓颉篇》：男女私合曰姘。汉律，与妻婢奸曰姘。又斋与女交罚金四两曰姘。

相公 顾亭林《日知录》：前代拜相者必封公，故称之曰相公。《羽猎赋》：相公乃乘轻轩，驾四骆。相公二字似始见此。

阿　顾亭林《日知录》：《隶释·汉毅阮碑阴》云：其间四十人，皆字其名而系以阿字，如刘兴阿与潘京、阿京之类。必编户民未尝表其德，书石者欲其整齐而强加之，犹今闾巷之妇，以阿挈其姓也。《成阳灵台碑阴》有主吏仲东、阿东。又云：惟仲阿东年在元冠，幼有中质，又可见其年少而未有字。《抱朴子》：祢衡游许下，自公卿国士以下，衡初不称其官，皆名之云阿某，或以姓呼之为某儿。《三国志·吕蒙传》注：鲁肃拊蒙背曰：非复吴下阿蒙。《世说》注：阮籍谓王浑曰：与卿语不如与阿戎语。皆是其小时之称也。妇人以阿挈姓，则隋独孤后谓云昭，训为阿云。唐萧淑妃谓武后为阿武。韦后降为庶人，称阿韦。刘从谏妻裴氏，称阿裴。吴湘娶颜悦女，其母焦氏称阿颜、阿焦，是也。亦可以自称其亲。焦仲卿妻诗：堂上启阿母，阿母谓阿女。是也。谨按以阿系其名者，始于汉，盛于南北朝。唐陆龟蒙《小名录》所载汉武陈后名阿娇，曹操名阿瞒，蜀后主名阿斗，王濬名阿童，王忱名阿大，殷浩名阿源，王临之名阿林，郗恢名阿乞，王循龄名阿龄，王蕴名阿兴，王敬豫名阿璃，石邃名阿铁，刘敬宣名阿涛，谢瞻名阿远，陶俨名阿舒，刘琜名阿称：是也。

幺　《汉书·食货志》：王莽作钱货六品，内有幺钱；贝货五品，内有幺贝；布货十品，内有幺布。班彪《王命论》：幺膺不及数子。蔡邕《短人赋》：其余尫幺。《尔雅》幺幼注曰：豕子最后生者，俗呼为幺豚。故后人有幺膺之称。《说文》：幺，小也，象子初生之形。幼字从幺，亦取此义。顾亭林曰：一为数之本，故可以大名之。一年之称元年，长子之称元子。是也。又为数之初，故可以小名之。骰子之谓一为幺，是也。《唐书·杨炎传》：卢杞貌幺陋。《宋史·岳飞传》：杨幺本名杨太，太年幼，楚人谓小为幺，故曰杨幺。俗作么，非。

第十七节　汉末风俗之复古

王莽居摄，颂德献符者遍于天下。虽有何武、**鲍宣**、高固及辛庆忌三子之不附莽而死，翟义、贾萌、张充诸人之讨莽而死，龚胜之不应征而死，曹竟之不附莽而死，于赤眉、李业、王皓、王嘉、谯元之不仕莽而死，于公孙述、彭宣、王崇、邴汉、梅福、逢萌之不附莽而去，胡纲、郭坚伯、郭游君、杨宝、牟长、高翊、高容、洼丹、孔子建、郭宪之不仕莽，王谭、文参之不从莽，足以立懦廉顽，少答百年前汉武表章六经、尊用儒士之盛意。然岁寒松柏，寥寥无几。盖由西汉师儒虽盛，而大义未明也。光武、明、章有鉴于此，故尊崇节义，敦厉名实，所举用者莫非经明行修之人，而风俗为之一变。至其末叶，**朝政昏浊，国事日非**，而党锢之流，独行之辈，依仁蹈义，舍命不渝，风雨如晦，鸡鸣不已。三代以下，风俗之美无尚于东京者。范蔚宗之论，以为桓、灵之间，君道秕僻，朝纲日陵，国隙屡启，自中智以下，靡不审其崩离。而权强之臣，息其窥盗之谋。豪杰之夫，屈于鄙生之议。所以倾而未颠，决而未溃，皆仁人君子心力之为（《左雄传》论）。信不诬也。

［第三编］
浮靡时代（浊乱时代）

第一章　魏晋南北朝隋

第一节　清议

汉末名士互相品题，遂成风气。于时朝廷用人率多采之，颇足以挽势利夤缘之习。故魏之何夔、杜恕皆注重乡评，陈群遂立九品中正之法，晋因之。乡邑清议，不拘爵位，褒贬所加，深足劝励。故有被议坐废者，如陈寿、阎义（《晋书·何攀传》）、卞粹诸人，是也。有被议贬黜者，如韩预（《张辅传》）、李含、王式（《卞壶传》）、温峤、任让（《华恒传》）、周觊（《韩康伯传》）、陈暄（《陈庆之传》）诸人，是也。《南史》宋武帝、齐高帝纪于受禅即位大赦下诏：皆有"犯乡论清议者，一皆荡涤洗除先注"等语。先注者，即被议为中正所注者也。清议之严如此，而又皆持之于中正，用以区别流品，亦六朝之一特色。虽法久弊生，中正不尽秉公，或上下其手，然乡间之清议自峻也。

第二节　流品

曹孟德既有冀州，崇奖跅弛之士，以盗嫂受金为无害于才。观其下令再三，至于求负污辱之名、见笑之行，不仁不孝而有治国用兵之术者。然于慎重流品之风，毫无所损。晋宋以来，已成普通观念，如宋王道子之不呼蔡兴宗坐，王球之不令王宏就坐，梁羊侃之拒宦者张某，曰我床非阉人所坐，是也。顾氏亭林曰：自万历季年，搢绅之士不知以礼饬躬，而声气及于宵人（如汪文言一人，为东林诸公大玷），诗字颁于舆皂。至于公卿上寿，宰执称儿，而神州陆沉，中原涂炭，夫有以致之矣。呜呼！观顾氏所言，知流品之关系于廉耻上者不小也。

第三节　门第

中国阶级制度已为周末游说所破，乃至六朝而转严。当时以望族为士，平民为庶。（有旧门、次门、后门、勋门、役门之类。）士庶之见，深入人心，若天经地义。大抵士庶不得通婚，其不幸而与庶族通婚者，则为士族之玷。（化士庶界限，当以通婚为第一义。然南朝最著之望族，若琅琊王氏、陈国谢氏等，惟与皇族联姻，不必本属清门。北朝最著之望族，若范阳卢氏、荥阳郑氏、清河博陵二崔氏等，苟非士族，虽帝王亦不与联姻。界限之严，不但侯景之凶强，不能强与王、谢联姻已也。又王源嫁女于富阳满氏，即为沈约所弹。）故当时庶族有一起居动作之微，亦以偕偶士族为荣幸。而终不得者（如《齐纪》：僧真诣江斆，斆不答是也），甚至纳赀为士族门生，以求进身。盖六朝所称门生，不过傔从之类，非受业弟子也。（观《晋书·刘隗传》，《宋书》徐湛之、谢灵运、颜竣、颜琛等传，《南齐书》刘怀珍、谢超宗传，《南史·齐后妃传》，可知矣。）然富人子弟多愿充之。因中正之弊，既已上品无寒门，下品无世族，庶姓寒人无寸进之路。惟此可以年资得官，故不惜身为贱役，且有出财贿以为之者。究竟士族亦无他长，不过雍容令仆，裙屐相高，心目中惟知有门第二字。（《北史·崔㥄传》每谓卢元明曰：天下盛门，惟我与尔。博崔赵李，何事者哉。）而任事又不能不借重寒人，此南朝所以多用寒人掌机要也。

第四节　氏族及名字

自五胡云扰，种族殆不可辨识。于是衣冠之族不能不自标异，乃假中正以重其门阀。有司选举，必稽谱籍而考其真伪。

然当时同姓通谱之风最甚（通谱之事，晋以前未有），如石勒之引石朴为宗室，孙旂之与孙秀合族（见《晋书》石苞、孙旂二传），侯景之托侯瑱为宗族，崔浩之与崔宽相齿而厚抚之（《魏书·崔元伯传》），杜佺之延引杜超（《北史·佺传》），韦鼎之作韦氏谱与韦世康，是也。此又适为庶族连络士族、依附士族之一善策，虽其中亦有同族而不同望者。（《魏书·高阳王雍传》：博陵崔显世号东崔，地寒望劣。又《高士廉传》言每姓第其房望，虽一姓中高下悬隔。）是亦北人偶染南人之习（顾亭林云：北人重同姓，多通谱系；南人则有比邻而各自为族者。引《宋书·王仲德传》：北土重同姓，谓之骨肉为证），实则氏族未有不混淆者。又冒姓始自汉之吕平（《汉书·外戚恩泽侯表》注）、灌孟（《史记·灌夫传》）、堂邑甘父（《汉书·西域传》注）等，而魏晋以来尤盛，甚至以异姓为人后。如魏陈矫本刘氏子，出嗣舅氏吴。朱然本姓施，以姊子为朱后。而贾谧之后贾充，则有莒人灭鄫之讥。宋许荣上疏，至谓今台府局吏、直卫武官及婢隶婢儿，取母之姓者，本臧获之徒，无乡邑品第。（《宋书·王道子传》）可见当时冒姓之多矣。庶族因界限之严，或藉通谱冒姓，以侥幸仕进。士族因通谱冒姓多，则亦有难完全其为士族者，至隋罢中正，而氏族始废焉。

名与字相同，起于晋宋之间。史之所载，晋安帝讳德宗字德宗，恭帝讳德文字德文，会稽王道子字道子，殷仲文字仲文，宋蔡兴宗字兴宗，颜见远字见远，梁王僧孺字僧孺，刘孝绰字孝绰，庾仲容字仲容，江德藻字德藻，任孝恭字孝恭，师觉授字觉授，北齐慕容绍宗字绍宗，魏兰根字兰根，后周王思政字思政，辛庆之字庆之，崔彦穆字彦穆之类，是也。

六朝人最重避讳，有闻讳徒跣者，谢超宗、王亮等（《南史》本传）是也；有闻偏讳而敛容者，萧琛（《南史》）是也；有闻讳必哭者；有讳其与讳同音之字，而与人书全不称及者；有人来书疏犯其父讳，竟对之流涕，不省公事者；有父讳云而呼纷纭为纷烟者；有父讳桐而呼梧桐树为白铁树者；有父讳昭而一生不为昭字，惟依《尔雅》火傍作召者。并见《颜氏家训·风操篇》。

幼小之名谓之小名，长则更名，而以小名为讳，或长亦以小名行。如吕后之名娥姁，武帝陈后之名阿娇，光武郭后之名圣通，郑康成之孙名小同，光武之名秀，扬雄之子名童乌，此长而不改者也。司马长卿之名犬子，匡稚圭之名鼎，刘禅之名阿斗，曹孟德之名阿瞒，臧宣高（霸）之名寇奴，班惠姬之名昭，此长而隐其名者也。晋宋以来，小名尤盛行，观陆龟蒙《小名录》可知矣。

第五节　仕宦

中正取士，权归著姓。惟梁置州重郡崇，乡豪专典授荐，颇无膏粱寒素之隔。此外若晋王戎选举，驱扇浮华，亏败风俗，虽为傅咸所奏，戎与贾郭通亲，竟得不坐。齐之乡举里选，不核才德，其所进取，以官婚胄籍为先，遂令甲族以二十登仕，后门以三十试吏，故有增年矫貌以图进者。其时士人皆厚结姻援，奔驰造请，浸以成俗焉。（《通志·选举略》）梁徐勉掌选时，奏立九品为十八班，自是贪冒者以财货取进，守道者以贫寒见没。（《南史·勉传》）隋之选举冒滥，非为巨害，至死不黜。故里语谓人之为官若死然，未有不了而倒还者。（《通志·选举略》）加以其时专尚词赋，士习浮浇，尤不以奔竞为耻焉。颜之推《家训·涉务篇》曰：多见士大夫耻涉农桑，羞务工伎，射既不能穿札，笔则才记姓名，饱食醉酒，以此消日。又曰：梁朝全盛之时，贵游子弟多无学术，无不熏衣剃面，傅粉施朱，驾长檐车，跟高齿屐，坐棋子方褥，凭斑丝隐囊，列器玩于左右，从容出入，望若神仙。及势利既失，遂为驽材。此可以知当时仕宦伎俩矣。《晋书·潘岳传》：岳与石崇谄事贾谧，每候其出，辄望尘而拜。《南史·陈卞彬传》：时有广陵高爽，博学多才。刘蒨为晋陵县，爽经途诣之，了不相接。俄而爽代蒨为县，蒨遣迎赠甚厚。此可以知当时炎凉丑态矣。

第六节　名节

以一家物又与一家，南北朝人臣之惯技。赵王伦之篡，乐广素号元虚，乃奉玺绶劝进。王、谢为司马氏世臣，而王导之孙谧授玺于桓元。导曾孙宏又为宋佐命。谢安之孙澹亦持册于宋祖刘裕，谢朏历仕宋、齐、梁，如三嫁之妇人，而世俗不以为怪，名节扫地矣。然以六朝之浮薄，而疾风劲草未尝无之。宋之袁粲、梁之韦粲千古流芳。渊明归隐，不失为晋处士。晋河南辛恭靖之言曰：宁为国家鬼，不为羌贼臣。（《晋书·忠义传》）齐新野刘思忌之言曰：宁为南鬼，不为北臣。（《南齐书·魏虏传》）宋沈攸之之言曰：宁为王凌死，不为贾充生。（《南史》本传）宋石头城之谣曰：宁为袁粲死，不作褚渊生。（见《南史·袁粲褚渊传》。）英风劲气，肝胆照人。上溯之魏，魏以不仁得国，而魏文又最慕通达者也。然犹有王凌、文钦、毋邱俭、诸葛诞诸人，故气节在当时虽居少数，亦不能谓全无人也。

第七节　清谈

清谈起于魏。正始中何晏、王弼之祖述老庄，而阮籍复以不遵礼法继其后。（籍常作《大人先生传》，谓世之礼法君子，如虱之处裈。）厥后王衍、乐广慕之，俱宅心事外，名重于时。天下言风流者，以王、乐为称首，后进莫不竞为浮诞，遂成风俗。学者以老庄为宗而黜六经，谈者以虚荡为辨而贼名检。行身者以放浊为通而狭节信，仕进者以苟得为贵而鄙居正，当官者以望空为高而笑勤恪。间有斥其非者（刘颂每言治道，傅咸每纠邪正），世反谓之俗吏。裴𬱟之著《崇有论》，江惇之著《通道崇俭论》，卞壸之斥王澄、谢鲲谓悖礼伤教，中朝倾覆，实由于此；范宁谓王弼、何晏之罪深于桀、纣；熊远、陈颓各有疏论，莫不大声疾呼，欲以挽回颓俗。而习染既深，竟有江河日下之势。盖其风气所自，一由于东汉之苦节（程子云），一由于魏文之慕通达（傅元云），一由屡经丧乱，中原涂炭，厌世主义遂以发生，于是酒色棋局，皆为清谈之后劲。当时除陶侃之甓、温峤之裾、祖逖之楫，颜之推、王通之学问卓然流俗，陶渊明之酒、嵇康之琴、谢安之东山妓、谢灵运之登山屐独有寄托外，其余胸无挟持，徒矜尚风流，翩翩浊世，若今日士大夫沉酗于花酒鸦片麻雀中者。乃完全亡国之资料。然大势所趋，众人方以为高妙，非此则谓之不达，虽有志之士亦有因之不能自主者，亦可慨已。士人学问不出庄老，佛经专为清谈预备，而文词亦购名士之代价，而清谈者之家珍也。绮靡轻薄，风俗日漓，燕泥庭草，遂以贾祸。（《隋唐嘉话》：炀帝善属文，而不欲人出其右。司隶薛道衡由是得罪，后因事诛之。曰：更能作空梁落燕泥否？炀帝为《燕歌行》，文士皆和，著作郎王胄独不下帝，帝每衔之。胄竟坐此见害。而诵其警句曰：庭草无人随意绿。复能作此语耶？）以人主而与臣下竞文词，其好尚可知矣。《南史·恩幸传》论清谈之弊，士大夫不亲政务，致小人得以幸进，是不刊之论也。

第八节　佛老

　　清谈之资料，佛老最有价值。当时佛学直掩过老学，然鲜能知佛之作用者。多谓事佛可以求福，至于号取寺名，诏用佛语，人以僧名（如王僧达、王僧虔之类，不可枚举），几若无事可以离佛。非误以佛为神，即误以佛为厌世也。

第九节　鲜卑语

其时鲜卑人事战争，而汉人事耕稼，有古秦人待三晋之风；而汉人亦谨事鲜卑人，学鲜卑语，以求自媚。《隋书·经籍志》所载学国语之书（即鲜卑语）至夥，几如今人之学东西文也。（此事观《北齐书·神武纪》及颜之推《家训》即知其详。）

第十节　美术

魏晋之士放弃礼法，不复以礼自拘。及宅心艺术，亦率性而为，视为适性怡情之具。且士务通脱，以劳身为鄙，不以玩物丧志为讥。加以高门贵阀，雅善清言，兼矜多艺，然襟怀浩阔，见闻而外，别有会心。诗语则以神韵为宗，图画则以传神为美。二王书法间逞姿媚，遂开南派之先。推之奏音审曲，调琴弄筝，亦必默运神思，独标远致，旁及博弈，咸清雅绝俗，以伸雅怀。美术之兴，于斯为盛。晋代以降，学士大夫以书画弈棋相尚。以言乎书法，则南人长于书帖，北人长于书碑。以言乎文词，则南人清新俊逸，北人硁确自雄。美术之分南北，始于东晋，历晋至隋，相沿不革。南朝之士，兼喜赏鉴，《画品》录于谢赫，《书品》成于庾肩吾，品第优劣，人各系评，姚最诸人，递有赓续。若《碑英》著于梁元，《鼎录》成于虞荔，《刀剑》谱于陶隐居，则又由赏鉴而兼考古，然其书皆出于南人。自西魏灭梁，秘阁二王之书入于北朝，为颜之推所秘。王褒由梁入周，北人多习其书。庾信、江总又以轻绮之文传于北土。迄于初唐，美术渐泯南北之分焉。又按：以弈品画人入正史，亦始于南朝。（《南齐书·萧惠基传》：当时能棋人琅琊王抗第一品，东郡褚思庄、会稽夏赤松并第二品。《刘绘传》：弟瑱，字士温。荥阳毛惠远善画马，瑱善画妇人，世并为第一。《刘系宗传》：少便书画。是也。）以其好尚既专，精绝足传也。书法之美，朝廷并拔擢之。故颜之推谓厮猥之人，多以能书见用也。

第十一节　婚娶

不论行辈，如宋蔡兴宗以女妻姊之孙袁彖，是也。以妇女为买卖，故注重财币。（《颜氏家训·治家篇》亦云卖女纳财，买妇输绢。）魏齐时尤甚，其始高门与卑族为婚，利其所有，财贿纷遗，其后遂成风俗。婚嫁财币，争多竞少。（观魏文成帝之诏及《封述传》可知。）妾媵继室各处，好尚不同。（《颜氏家训·后娶篇》：江右不讳庶孽，丧室之后，多以妾媵终家事，疥癣蚊虻，或未能免，限以大分，故稀斗阋之耻。河北耻于侧出，不预人流，是以必欲重娶，至于三四，母年有少于子者。后母之弟与前妇之兄，衣服饮食，爱及婚宦，至于士庶贵贱之隔，俗以为常。身没之后，辞讼盈公门，谤辱彰道路，子诬母为妾，弟黜兄为佣，播扬先人之辞迹，暴露祖考之长短，以求己直者多有。）然北齐百官大率无妾，因其时父母嫁女，必教之以妒；姑姊逢迎，必相劝以忌。以劫制为妇德，能妒为女工。（宋世宫庭秽乱，士大夫以联姻帝室为畏途，且凡为公主者皆淫妒，人主亦自知之。故江斅当尚主，明帝使人代斅作辞婚表，遍示诸公主以愧励之。）又将相多尚公主，王侯率取后族。一夫一妻之制实成于自然。若宋废帝为姊山阴公主置面首左右三十人。（与俄国加他邻女后同。）则又俨然一妻多夫之制矣。其时士庶多不通婚（梁武帝谓侯景曰：王、谢门高，当于朱、张以下求之。齐沈约弹王源曰：王满连姻，实骇闻听。《北史》：崔巨伦之姑不肯令其姊屈事卑族），通婚之时，往往比量父祖，故庶族以娶高门士女为荣。即夫家坐罪没官之妇女，寒人得之，且荣幸无比。观《北齐书》郭琼、孙搴传可知矣。丧娶始于春秋鲁公子遂之纳币（文公二年）。而汉文帝短丧之诏，亦云天下吏民，毋禁取妇、嫁女、祠祀、饮酒、食肉。自是丧娶甚多，六朝尤甚。石勒之禁国人在丧嫁娶（《晋书》载记），张辅之贬韩预，刘隗之奏王籍之、颜含，固当时仅见者（《晋书》本传）。

第十二节 丧葬

晋代期功之丧犹以为重,自祖父母、伯叔父母以至兄弟姊妹妻子之丧,初丧去官,除丧然后就官。(见《王纯碑》,陶渊明《归去来辞》传、自序,《晋书》嵇绍、韩光、傅咸等传及潘岳《悼亡诗》。)非此则上挂弹文,下干乡议。自谢安期丧不废乐,王坦之以书喻之不从,衣冠效之,遂以成俗。虽阮籍以居丧食肉坐贬议,而六朝此种风气未尝少息。甚至国恤宴饮,毫不为异,皆轻蔑礼法之结果也。停丧之事,自古所无。自建安离析,永嘉播窜,于是有不得已而停者,后遂以为常。如晋贺循为武康令,严禁厚葬,及有拘忌,回避岁月,停丧不葬之俗(《晋书》本传)是也。有迁葬之俗,《梁书·顾宪之传》:衡阳土俗,山民有病者,辄云先人为祸,皆开冢剖棺木,洗枯骨,名为除祟是也。厚葬之俗最甚,如杜预、徐苗、石苞、庾峻(《晋书》)、王徽、郝昭、裴潜(《魏书》)、到溉(《梁书》)之遗命薄葬,固不可多得者。

坟墓必择吉地,谓之相墓术。此术之流传,世谓始于晋郭璞,故璞有《葬经》一书。今观璞本传,称璞葬母暨阳,去水百步。或以近水言之,璞曰:当即为陆矣。其后果沙涨数十里。又璞为人葬墓,晋明帝微服观之,问主人何以葬龙角。主人曰:郭璞云此葬龙耳,当致天子。帝曰:当出天子耶?主人曰：非出天子，能致天子至耳。此璞以相墓传名之确证也。而葬术之行，实即由此时而盛。《晋书·周光传》载陶侃听老父之言，葬其父于牛眠之地，卒为三公。《南史》齐刘后、荀伯玉、梁杜嶷各传，皆言相墓事。而孔恭、高灵文及富阳人唐寓之祖父之相墓，亦见《南史》。(《南史·宋纪》：武帝父墓在丹徒侯山，有孔恭者善占墓，谓此非常地，后果为天子。《齐纪》：高帝旧茔在武进彭山，冈阜相属，百里不绝，其上常有五色云。宋明帝恶之，遣占墓者高灵文往相之，灵文先给事齐高，乃诡曰：不过方伯耳。私谓齐高曰：贵不可言。后果登极。《沈文季传》：齐时富阳人唐寓之祖父亦以图墓为业。) 可见六朝时此术已盛行。又如梁《昭明太子传》曰：不利长子。梁《吴明彻传》曰：最小子大贵。(《南史》) 则术家长房小房之说也。宋废帝以不为父孝武帝所爱，将掘其陵，太史言不利于帝而止。则术家神煞禁忌之说也。

相墓之术多缘饰阴阳家言，后世惑之，以为穷达寿夭，皆卜葬所致。于是趋吉避凶，有久淹亲丧不葬者，有既葬失利而改卜者，有谋人宅兆而迁就马鬣者。呜呼！藉骨之朽以荫家之肥，已为不仁不智矣。又况迷信龙脉风水、山川封禁，至数十里富有矿产而不之开，不但为东西文明国人所窃笑，抑亦富强政策之一大阻力也。夫郭璞《葬经》，世称伪托。杨、曾、廖、赖及近代术士诸书，尤支离诡异，不足凭据。且风水之说，至宋始盛，而自宋以来，辟其谬者亦复不少。昔司马文正为谏官，奏乞禁天下葬书。而张无垢律葬巫以左道乱政，假鬼神时日卜筮以疑众之辟。又涑水与横浦、东山、梨洲四家，并辟鬼荫。前清名臣张清恪、朱文端、蔡文勤、徐健庵以及儒者张稷若、张考夫、卢子弓辈,均斥风水之非,其言激烈切直,固深冀流俗之一悟。若翁普恩东安禁金罐示,痛言迁葬之害,亦有心世道之言也。再考《记言》成子高之葬,以择不食之地为嘱,以为死不可有害于人。《博物志》言澹台子羽之子溺于水,遂以水葬之。《墨子·节葬篇》言尧道死葬蛩山之阴,舜道死葬南已之市,禹道死葬会稽之山。《尸子》言禹治水为丧,法使死于陵者葬于陵,死于泽者葬于泽。《吕氏春秋·安死篇》意同,无所谓吉凶也。唐吕才亦引古之葬者,皆于国都之北,兆域有常处,以证古不择地。此种迷信,古今有识之士皆能勘破。若夫曹操作疑冢,令人莫识其处,以免发掘,而魏祚不永;鱼朝恩盗发汾阳父墓,而于汾阳之富贵寿考,不损毫末。试问信风水者,何所据以信其必然乎!当此民穷财尽时代,而迷信不破,势非焚禁葬书,严治葬师,并定阻挠开矿之律不可也。悲夫!

第十三节　言语

（甲）名称。一、官。南北朝谓帝为官,是也。二、公。南北朝朝士相呼为公,是也。(《宋书·颜延之传》:延之与何偃从上南郊,偃路中遥呼延之曰:颜公。延之以其轻脱,答曰:身非三公之公,又非田舍之公,又非君家阿公,何以见呼为公?《北史·李幼廉传》:齐文宣语及杨愔,误称为杨公。

此见公为平日熟称，故出于不觉。又按以称公为轻脱，自汉有之。高祖称所送徒曰公，见本纪。晁错父称错为公，见《错传》。）三、儿。对兄亦自称儿。齐《安德王延宗传》后主谓其兄延宗曰：并州阿兄取儿今去，是也。四、娘。《北史·后妃传》：言齐之姬侍称娘，是也。五、卿。陆慧晓、斛律信皆以卿为轻贱之称，是也。（《南齐书·陆慧晓传》：未尝卿士大夫。或问其故，曰：贵人不可卿，而贱者可卿。《北史·斛律光传》：祖信少年时，父逊为李庶所卿，因诣庶，谓庶曰：暂来见卿，还辞卿去。庶父谐，杖庶而谢焉。）六、内外兄弟。舅子为内兄弟，姑子为外兄弟，而亦有以舅子为外兄弟者。《宋书·隐逸宗炳传》：母同郡师氏，传末又云：炳外弟师觉授，是也。《颜氏家训·风操篇》曰：昔侯霸之子孙称其祖父曰家公，陈思王称其父为家父、母为家母，潘尼称其祖父曰家祖。及南北风俗，言其祖父及二亲无云家者，田里猥人，方有此言耳。凡与人言言己世父，以次第称之。凡姑姊妹女子子，已嫁则以夫氏称之，在室则以次第称之。凡称彼祖父母、世父母、父母及长姑，皆加尊字。自叔父以下，则加贤字。侄名虽通男女，并是对姑之称。晋世已来，始呼叔侄。凡家亲世数，有从父、有从祖、有族祖。江南风俗自兹已往，高秩者通呼为尊，同昭穆者百世犹称兄弟。若对他人称之，皆云族人。河北士人虽三二十世，犹呼为从伯从叔。至于外祖父母，河北人皆呼为家公家母。江南田里间亦言之，则非合理，当加外字以别之。此亦可见当时名称之大概矣。

（乙）谚语。生女耳耳。（《三国志·魏崔琰传》）上车不落则著作，体中何如则秘书。（《颜氏家训·勉学篇》）积财千万，不如薄技。（同上）博士买驴，书券三纸未有驴字。（同上）上山斫檀，榽橀先殚。（郭璞《尔雅注》引。按《正义》引陆机诗疏：檀与系迷相似，系迷一名挈橀，故齐人谚曰云云。榽作挈。）尺牍书疏，千里面目。（《颜氏家训·杂艺篇》）越阡度陌，互为主客。（《文选注》）射的白斛米百，射的元斛米千。（《水经注》：射的，山名。远望状若射侯，土人以验年之登否。）蚍珠千枚，不及玫瑰。（梁任昉《述异记》引南海谚。）种千亩木奴，不如一龙珠。（同上，越人谚）虽有神药，不如少年。虽有珠玉，不如金钱。（《述异记》引）山川而能语，葬师食无所。肺腑如能语，医师色如土。（《山经》）教妇初来，教儿婴孩。（《颜氏家训》引）数面成亲旧。（陶潜《答庞参军诗》序引）官无中人，不如归田。（鲁褒《钱神论》引）

（丙）方言

兄兄　家家　姊姊　妹妹　《北齐书·南阳王绰传》：绰兄弟皆呼父为兄兄，嫡母为家家，乳母为姊姊，妇为妹妹。

爹　《南史·梁始兴王憺传》人歌曰：始兴王人之爹。爹，徒我切，荆楚方言，谓父为爹。按《玉篇》：爹，屠可切，父也。又钩斜切。

耶耶　《南史·王彧传》：子绚读《论语》周监于二代，何尚之戏曰：可改耶耶乎文哉。尚之以下文郁郁乎郁，与彧通故也。按唐无名氏《古文苑·木兰诗》：卷卷有耶名。宋章樵注：耶以遮切。今作爷，俗呼父为爷。杜甫《兵车行》：耶娘妻子走相送。又《北征诗》：见耶背面啼。以父为耶，六朝及唐多有。

豆卢　北人谓归义为豆卢，见《北史·豆卢革传》及《隋书·豆卢勋传》。

杨婆儿　《南史·齐郁林王本纪》：在西州，令女巫杨氏祷祠速求天位。及文惠薨，谓由杨氏之力，倍加敬信，呼杨婆。宋氏以来，人间有杨婆儿歌，盖此征也。洪氏颐煊《诸史考异》按《袁彖传》：于时河涧为文惠太子作杨畔歌，辞甚恻丽。《隋书·音乐志》：其歌曲有阳畔，后呼杨叛儿。皆此曲一声之转。按今江西、湖南俗，呼男女轻佻为阳畔，呼物不坚实而外华美，为阳畔货。

呼杨为赢　《隋书·五行志》：时人呼杨姓多为赢。洪氏颐煊《诸史考异》按《文选·祭颜光禄文》李善注：郭璞《三苍解诂》曰：杨音盈。《匡谬正俗》文：据晋灼《汉书音义》：反杨恽为由婴，谓杨姓旧有盈音，盖是方俗语。

犹自可　《宋书·王元谟传》：军士为之语曰：宁作五年徒，莫逢王元谟，元谟犹自可，宗越更杀我。

善见观　犹今人言仔细识认也。《南史·齐高帝纪》：休范已斩萧道成，登城谓乱者曰：身是萧平南，诸军善见观。

霹雳　野虖　《梁书·曹景宗传》：景宗谓所亲曰：拓弓弦作霹雳声。又《腊日宅》中作野虖驱逐，《南史》作邪呼。盖驱鬼呼叫声。按吾袁郡语，以霹雳二字状火烧物声，及人性躁暴。

寻　《齐书》：文帝幸豫章王嶷第，须由宋宁陵道过，帝曰：我便是入他冢墓里寻人。

㑊　魏李登《声类》：于耒反，今南人痛则呼之。

鼾　呼干反，江南行此音，见晋郭洪《要用字苑》。

菱　魏李登《声类》：草木，烟也，关西言烟，山东言蔫，江南亦曰矮。

鸡伏卵　通俗文，北燕谓之菢，江东呼蓲，音央富反。

生人妇　魏《杜畿传》：臣前所录皆亡者，妻今俨送生人妇也。

奇怪　《北史·魏道武纪》：保者以帝体重于常儿，窃独奇怪。又《五代史·罗绍威传》：绍威父弘信，状貌奇怪。

见怪　臧洪《答陈琳书》：言甘见怪。

裤裆　见《北齐书·陆法和传》。

一两处　《魏志·华佗传》：若当灸不过一两处，若当针亦不过一两处。

盐　《全唐诗话》：隋曲有疏勒盐，唐曲有突厥盐、阿鹊盐，或云关中谓好为盐。故施肩吾诗云：颠狂楚客歌成雪，妩媚吴娘笑是盐。盖当时语也，今杖鼓谱中尚有盐杖声。

音信　沈约《铜锟歌》：若欲寄音信，汉水向东流。又李白诗：不见眼中人，天长音信断。

家信　《北史·刘璠传》：瑶在淮南，其母在建康遘疾，璠未之知。忽一日举身楚痛，寻而家信至。

家务　《南史·张务传》：率嗜酒，于家务尤忘怀。

不牢　《吴志·吕范传》注：一事不牢，即俱受其败。

留住　陈琳《饮马长城窟行》：边城多健少，内舍多寡妇。作书与内舍，便嫁莫留住。白居易诗：光阴纵惜难留住，毛滂席上词先遣，歌声留住欲归云。

滞货　《抱朴子》：和璧变为滞货。

够　多也，足也。左思《魏都赋》：繁富伙够，不可单究。

挳　力展切。《南史》：何远为武昌太守，以钱买井水，不受钱者，挳水还之。挳者，搬运也。今吴语搬茶挳水。

嬲　《嵇叔夜书》：嬲之不置。今嘉定俗，言人戏扰不已，及作事不循理曰嬲。音如裊。

淘　《避暑录话》：刘惔盛暑见王导，导以腹熨弹棋局云：何乃淘。惔出，人问王公何如，惔曰：未见他异，唯闻吴语，尝谓淘为冷。吴人语，今二浙乃无此语。

事际　有事也。《南史》：王晏专权，帝虽以事际须晏，而心恶之。今苏州语谓有事曰事际。

过世　秦《符登传》：陛下虽过世为神。今谓死为过世。

宁馨　晋山涛谓王衍：何物老妪，生宁馨儿？《容斋随笔》：宁馨，晋宋间人语助耳。今吴语多用宁馨为问，犹言若何也。城阳居士《桑榆杂录》：宁犹言如此。馨，语助。江南志书以《杂录》所释为是。

子细　《北史·源思礼传》：为政当举纲，何必太子细也。杜诗：野桥分子细。

停待　《晋书·愍怀太子传》：陛下停待。

匡当　当去声，韩子人主漏言，如玉卮无当。《广韵》：当，底当也。徐铉云：今俗犹有匡当之言。

不耐烦　《庾炳之传》：为人强急而不耐烦。

寒毛　《晋书·夏统传》：闻君之谈，不觉寒毛尽戴。

绵絮　《晋书·徐则传》：虽隆冬沍寒，不服绵絮。

抽替　匪有板匣者，见《宋书》。

一顿　晋仆射陶太常诣吴领军，日已中，客比得一顿食。《世说》罗友曰：欲乞一顿饭。杜诗：顿顿食黄鱼。

一出　谓一番也。《世说》林道人云：今日与谢孝剧谈一出来。

侬　《大业拾遗记》：炀帝宫中喜效吴言，故多侬语。《湘山野录·钱王歌》：你辈见侬的欢喜，永在我侬心子里。嘉定俗呼我为吾侬，呼人曰你侬，对人呼他人曰渠侬，故嘉定号三侬之地。

伧　《晋阳秋》云：吴人谓北人为伧。《韵会》：吴人骂楚人曰伧。今俗骂人曰个伧，是也。陆抗曰：几作伧鬼。顾辟疆曰：不足齿之伧。陆机骂左思为伧父，欲作《三都赋》。宋孝武目王元谟为老伧。

老奴　单故谓嵇康曰：老奴汝死是其分。

杂种　《晋书·前燕载记》赞曰：蚕兹杂种。梁邱迟书：姬汉旧邦，无取杂种。今俗骂人曰杂种。

冤家　梁简文始生，志公贺梁武曰：冤家亦生矣。盖指侯景亦生于是岁也。今俗谓仇人为冤家。

小鬼头　《青楼集》：曹娥秀呼鲜于伯机为伯机鲜于，佯怒曰：小鬼头，敢如此无礼。

妯婆　妯音钳。《晋书》妯姆、尼僧。妯，婆之老者，能以甘言悦人，故曰妯。今嘉定骂老妇曰妯婆。

后生子　鲍明远《少年时至衰老行篇》云：寄语后生子，作乐当及春。今吾江西及湖南均有此语，但子读为仔，亦有谓后生客者。

珠儿珠娘　《述异记》：越俗以珠为上宝，生女谓之珠娘，生男谓之珠儿。

家嫂　《晋书·谢朗传》：谢安谓坐客曰：家嫂辞情慷慨，恨不使朝士见之。

舍弟　魏文帝《与钟繇谢玉玦书》：是以令舍弟子建，因荀仲茂时，从容喻鄙意。

家兄　《晋书·谢幼度传》：戴逯对谢安曰：下官不堪其苦，家兄不改其乐。谓其兄逵也。又鲁褒《钱神论》：虽有中人而无家兄，是犹无足而欲行，无翼而欲翔也。

乡里　谓妻也。《南史·张彪传》：我不忍令乡里落它处。姚宽曰：犹会稽人言家里。

傀儡　《玉篇》：燕之北郊曰傀儡，谓形小可憎之貌。

把稳　《晋书·姚苌载记》：陛下将牢大过耳。注：将牢，犹俗言把稳。

草驴女猫　顾亭林《日知录》：今人谓牝驴为草驴。《北齐书·杨愔传》：选人鲁漫汉在元子思坊桥，骑秃尾草驴。是北齐时已有此语。山东、河北人谓牝猫为女猫。《隋书·外戚独孤陀传》：猫女可来无住宫中。是隋时已有此语。

果然　《宋书·后妃传》：今果然矣。卢肇诗：果然夺得锦标归。

高兴　殷仲文诗：独有清秋日，能使高兴尽。今通谓欢喜为高兴，不快意则云不高兴。吾萍语谓有兴致曰有兴头。

憨　《玉篇》：愚也，痴也。《广韵》：呼谈切，音蚶。吾江西及湖南皆有此语，但音如谙，或如限。

皂白　《北史·魏临淮王传》：中山皂白太多。今俗谓不辨黑白，曰不分皂白。按《玉篇》：皂，黑色也。《释名》：皂，早也。日未出时，早起视物皆黑，此色如之也。《周礼·地官·大司徒》其植物宜皂物注：皂柞栗之属，或作早。《韵会》：今世谓柞实为皂斗，柞即橡也，其房可以染，俗因谓黑色为皂。又《博雅》：缁谓之皂。而今俗谓以物染布曰皂布。

晓事　《魏志·曹真传》注：桓范前在台阁，号为晓事。

潇洒　《南史·隐逸传》：神韵潇洒。又李白诗：一身自潇洒。

相骂　《隋书·流求国传》：交言相骂。

老拳　《晋书·石勒载记》：孤往日厌卿老拳。

待客　《宋书·孝武文穆皇后传》江斆让婚表曰：当宾待客，朋友之义。

接客　《宋书·王惠传》：为吏部尚书，未尝接客。

阿堵　即若个、这个，兀的之意也。《晋书·王衍传》：举郤阿堵中物。

笨伯　《晋书》：史畴以人肥大，时人目为笨伯。笨，《广韵》：蒲本切，音獖。

浮浪人　见《隋书》。

令弟　《文选》谢灵运从弟惠连云：末路值令弟酬问，开颜披心。

分外　《魏·程晓传》：上不责非职之功，下不务分外之赏。

致意　《晋书·简文帝纪》帝谓郗超曰：致意尊公。《孙绰传》桓温曰：致意兴公。兴公，孙绰之字。

料理　《晋书·王徽之传》：卿在府日久，比当相料理。

弄　《南史》：萧谌接郁林王出延德殿西弄，弑之。弄，巷道也。

多许　《隋书》：天下何处有多许贼。许，音若，黑寡切。

一头　谓食也。晋元帝谢赐功德净馔一头，谢斋功德食一头。又刘孝威谢赐果食一头，见《北户录》。

家酿　《增韵》：后人谓酒为酿。《世说新语》刘惔曰：见何似道饮，令人欲倾家酿。

八米　《北齐书·卢师道传》：择卢师道之诗得八首，人称八米卢郎。姚令威《西溪丛语》曰：八米，关中语，岁以六米、七米、八米分上、中、下。言在谷取八米，取数之多也。

看人眉睫　见《南北史》。吾萍语谓人不知观人颜色曰不知眉头眼摇。摇，音如耀。

剥人面皮　《语林》贾充谓孙皓曰：何以剥人面皮？皓曰：憎其颜之厚也。

笑得齿冷　《乐预传》：此事人笑褚公，至今齿冷。

晋郭璞注《尔雅》，多用当时方言。然其中有普通者，如姑之子、舅之子、妻之昆弟、姊妹之夫，皆为甥。夫之兄为兄钟（即兄公之转），夫之女弟为女妹，兄弟之妻相谓为妯娌，妹谓之媦妇，谓之新妇。自呼为身，谍谓之细作，无忧谓之无恙，妖言谓之讹物，丛致谓之積集、谓之拘搂，酒食谓之馈饌，缝纴衣谓之㡒之类，是也。有特殊者，如河北人呼食为餐，谓待为徯。东齐呼息为呬，谓病为瘼，谓逮为遏。南阳人呼雨止为霁，齐人谓衣襥为挛，巴濮之人自呼为阳阿，荆州谓山形长狭者为峦，长沙谓小瓮为瓵，南方呼剪刀为剂刀，韩郑谓怜为惏之类，是也。又璞书成于江东，故引江东语为多。如江东通谓语为行，谓大为驵，呼病曰瘵，呼悚为怜，谓煖为燠，谓号为谚，呼母为恀（音是），谓兄为昆，呼虹为零，呼迁运为迁徙，呼地高堆者为敦，呼同门为僚婿，呼刻断物为契断，呼麋鹿之属通为肉，呼帐为帱，呼鸡少者为僆之类，是也。

宋何承天《纂文》：吴人以积土为垛，兖州人以相欺为讹人，江湖以铚为刈，鲁人谓渐箕为渐囊，扬州以取鱼罾为罟，吴人以卵为笃，主关中以鷃为鸫，烂堆赵代以笪为笞。

第二章 唐

第一节 概论

科举时代以有唐为开始,故唐代之风俗,可以科举代表之。天下人心所注射,不离乎科举也。唐代之科举又可以文词代表之,无所谓实学也。然其卒也,至无忠臣义士,效可睹矣。君子观于唐之风俗,而始知科举之害烈也。

第二节 饮食

唐人食品,有汤料、臛炙、脍蒸、丸脯、羹臛、馉饳、馉饼、馄饨、糕酥、包子(《燕翼贻谋录》:宋仁宗诞日,赐群臣包子。即馒头之别名)、面粽等名目。其所食之肉,除六畜外,兼用鹿、熊、驴、狸、兔、鹅、鸭、鹁子、鳜、鳖、蟹、虾、蛤蜊、蛙等类。其制造之精妙，鸡有葱醋、乳瀹、剔缕三种，鹅有八仙盘、花折鹅糕两种，鸭有交加鸭脂、生进鸭花汤饼二种，鱼有乳酿凤凰胎（鱼白）、金粟平锤（鱼子）、剪云析鱼羹、加料盐花鱼、屑吴兴、连带鲊六种，鳖有遍地锦装、金丸玉叶脍二种，蟹有金银夹花平截、藏蟹含春侯二种。炙品有升平炙筋头春（炙活鹑子）、光明虾炙、火炼犊、龙须炙、金装韭黄、艾炙、乾炙满天星七种。面有甜雪、青蒸声音部（面蒸象蓬莱仙人，凡七十字）、汤装浮萍面、婆罗门轻高面四种。其参和数种为一种者，如鹿鸡参拌，谓之小天酥。细治羊豕牛熊鹿，谓之五生。盘治鱼羊体，谓之逡巡酱。薄治群物，入沸油烹，谓之过门香。（见韦巨源《食谱》。）而桃花醋、葫芦酱、照水油，尤为俗间所贵重。至于研究食品之著名者，长安以张手美家为第一。而花糕员外，亦其次也。张手美家（韦巨源《食谱》：长安间阊门外通衢有食肆，人呼为张手美家。水产陆贩，随需而供，每节则专卖一物，遍京辐辏，名曰浇店）每节专卖一物，如元日之元阳脔，人日之六一菜，上元之油画明珠，二月十五之涅槃兜，上巳之手里行厨，寒食之冬凌粥，四月八日之指天馂馅等，真可谓脍炙人口者也。花糕员外（韦巨源《食谱》：长安皇建僧舍旁有糕坊，主人由此入赀为员外官，盖高宗显德中也，都人呼为花糕员外）研究最精之品，则有满天星、操拌金糕、縻员外、糁花截肚、大小虹桥、木密金毛面六种焉。此外则金陵为士大夫渊薮，家家研究烹饪，故有所谓建康七妙者。（详《食谱》）又朱象髓、白猩唇，当时以为异味。（《剧谈录》）而熊翻家所制作之过厅羊，亦盛行于时。（《云仙杂记》：熊翻每会客至酒半，阶前旋杀羊，令众客自割，随所好者采线系之记号，毕烝之，客自认取，以刚竹刀切食，一时盛行，号过厅羊。）其饮料不外茶酒等物，而于茶味之研究，较六朝以上独精，观《茶经》可知矣。

第三节　衣服

唐初士人以棠苎襕衫为上服，贵女工之始也。一命以黄，再命以黑，三命以纁，四命以绿，五命以紫。士服短褐，庶人以白。而袍襕、襕袖褾襈之制，始于太宗朝，其时袍为寻常供奉之服。长孙无忌请于袍上加襕，取象于缘，诏从之。马周尝上议曰：礼无服衫之文，三代之制有深衣，请加襕袖褾襈，为士人上服。开骻者曰缺骻衫，庶人服之。诏从之，是也。以半臂为轻佻之服，如房大尉家法不着半臂，是也。然唐初马周上疏，请士庶服章，于中单上加半臂，以为得礼。（马缟《中华古今注》）岂衣服之时尚，固有不同欤。带本古革带之制，自秦汉以来，庶人服之。而贵贱通以铜为銙，以韦为鞓，六品以上用银为銙，九品以上及庶人以铁为銙。唐贞观二年，令三品以上以金为銙，服绿。庶人以铁为銙，服白。太宗尝于端午赐文官黑玳瑁腰带，武官黑银腰带。示色不更改故也。又天子用九环带，百官及士庶皆同幞头，本名上巾，亦名折上巾，似以三尺皂罗后裹发，盖庶人之常服，沿至后周武帝，裁为四脚，名曰幞头。唐侍中马周更以罗代绢，又令重系前后，以象二仪，两边各为三撮，以象三才，百官及士庶为常服。乌纱帽，自天子至于庶人皆服之。武德、贞观中，宫人骑马多著羃䍦以障蔽全身。至神龙末，羃䍦殆绝。开元初，宫人马上著胡帽，靓妆露面，士庶咸效之。天宝年中，士人之妻著丈夫靴衫鞭帽，内外一体焉。至女人之披帛，亦始于开元中云。(《中华古今注》)

第四节　科举之观念及仕宦之现影

（甲）好尚文词。唐承六朝余习，选贤授任，多在艺文。故当时习程典，亲簿领，谓之浅俗；务根本，去枝叶，目以迂阔。武后时刘峣上疏，谓古之作文必谐风雅，今之末学不近典谟。劳心于草木之间，极笔于烟云之际。以此成俗，斯大谬也。可知士习之浮矣。开元以后，士无贤不肖，耻不以文章达。故杨绾、李德裕亦谓其徒长浮华，终无实用。

（乙）崇重门阀。垂拱中纳言魏元同疏称：今贵戚子弟例早求官，或龆龀之年已腰银印，或童丱之岁已袭朱紫。虽技能浅薄，而门阀有素。遂尔资望自高。张鷟《朝野佥载》张文成曰：选司考练，总是假手冒名。势家嘱请，手不把笔，即送东司；眼不识文，被举南馆。可见世家子弟之幸进，由于崇重门阀矣。

（丙）重视进士。封演《闻见录·贡举篇》曰：唐代以进士登科为登龙门，释褐多拜清紧。十数年间，拟迹庙堂。轻薄者语曰：及第进士，俯视中黄郎。落第进士，平揖蒲、华长。（落第尚可再举，一得即躐清要。故平揖蒲州、华州之令长。）王定保《摭言》：唐之科举，初明经、进士并重，后专重进士。缙绅虽位极人臣，不由进士出身，终不为美。（刘餗《隋唐嘉话》：薛元超身为中书，尚以不由进士及第为恨。玉泉子、李德裕以己非由科第，恒嫉进士举者。）又《隋唐佳话》载进士曲江大宴，大牒教坊，请奏上御紫云楼垂帘观之。公卿家率以是日择婿，车马填塞，其心目中直以进士为神仙，不知几生修到也。

（丁）钻营舞弊，不顾廉耻。《朝野佥载》：张昌宜为洛阳令，借易之权势属官，无不允者，风声鼓动。有一人姓薛，赍金五十两，遮而奉之，宜领金受其状，至朝堂付天官侍郎张锡。数日失状，以问宜。宜曰：我亦不记得，但有姓薛者。即与锡检案内姓薛者六十余人，并令与官。其蠹政也如此。郑愔为吏部侍郎掌选，赃污狼藉。引铨有选人，系百钱于靴带上，愔问其故，答曰：当今之选，非钱不行。愔默而不言。《南楚新闻》：江陵富民郭七郎之子，输数百万于鬻爵者门，竟以白丁易得横州刺史，此买卖官爵者也。有仇士良之关节，而裴思谦可得状头。（见王定保《摭言》）有裴垣（相国）之子之私议名氏。而常出入其家之僧人，可以为同乡翁彦枢要求及第。（见《玉泉子》）有元载署名之空函，至河北而其丈人可获绢千匹。（张固《幽闲鼓吹》）崔元输为杨炎所引，欲举进士，则先求题目为地。（李肇《国史补》）贿赂公行，情伪百变，但求遂一己之私，又何事不可为？人心风俗之坏，至于此极。

薛谦光所谓今之举人,有乖事实,第宅喧竞于州府,祈恩不胜于拜伏。明制适下试遣搜敷,则驱驰府寺,请谒权贵,陈诗奏记,希咳唾之泽,摩顶至足,冀提携之恩者也。(武后时奏)至于李林甫、杨国忠因高力士得相,钟绍京为相,而称义男于中官。杨思勖之父杨历(见蔡京所撰《杨历碑》),李揆当国,以子侄事阉奴李辅国,呼之为五父。张岌之谄事薛师,郭霸之谄事来俊臣,宋之问以著名文人而谄事张易之。其卑污之行,有言之而适足污人口吻者。科举时代之人才固应如是。元次山恶圆,至谓"宁方为皂,不圆为卿"。盖亦愤时嫉俗之言也。

第五节 忠义之缺乏

安禄山之乱,唐臣贵如宰相陈希烈,亲如驸马张垍,皆甘心从贼,靦颜为之臣。此即处以极刑,岂得为过!乃广平王收东京后,希烈等数百人押赴长安。崔器定仪注:陷贼官皆露头跣足,抚膺顿首于含光殿前。令扈从官视之,并概请诛死。李岘争之,以非维新之典,且谓陷贼者多,若尽诛之,恐坚从贼之心,乃议六等定罪。李勉之奏肃宗,与岘意同。新旧《唐书》皆是岘而非器,大概当日时势,有不得不用轻典者。然一时权宜,用以携离贼党则可,若竟以岘所奏为正论,则非也。堂堂大一统之朝,食禄受官,一旦贼至,即甘心从贼,国法安在？故当时之是岘者，皆因六朝以来，君臣之大义不明，民人不复知有国家，其视贪生利己、背国忘君已为常事。有唐虽统一区宇已百余年，而见闻习尚犹未尽改，颜常山、卢中丞、张睢阳辈激于义愤者，不一二数也。唐之后半部历史焉得不成为藩镇擅命之历史哉！全氏祖望曰：收拾遗文，唐末忠义尚可得十余人，司空图、韩偓、孙郃、罗隐、王居岩、朱葆光、颜荛、李涛、梁震、黄岳、张鸿、梁昊是也。又有许儒，见《王荆公集》，然亦寥寥矣。其时女子转有可风者，如肃宗乾元元年，青州妇人王娘请赴行营讨贼。仆固怀恩叛唐，李日月为朱泚将，而其母皆知顺逆之理。（仆固怀恩之母，见其子不听训，提刀逐之，曰：吾为国家杀此贼，取其心以谢三军。朱泚将李日月为浑瑊射杀，母不哭，骂曰：奚奴天子负汝何事，死且晚。）刘辟乱于蜀，其嫂庾氏绝不为亲，是也。唐之臣子，对此能不愧死！

第六节　人民之规避税役

《唐书·李德裕传》：徐州节度使王智兴奏准在淮泗设坛度人为僧，每人纳二绢，即给牒令回。德裕时为浙西观察使，奏言江淮之人闻之，户有三丁者，必令一丁往落发，意在规避徭役，影庇赀产。今蒜山渡日过百余人，若不禁止，一年之内，即当失却六十万丁矣。按当时一得度牒，即可免丁钱，庇家产，甚至影射包揽，上不之禁，故趋之者若鹜。然食国家之恩惠，而以逋税役义务为快，其国民之程度可知矣。

第七节　朋党

唐之朋党与汉之党锢不同。汉之党锢，起于甘陵二部相讥，而成于大学生相誉。唐之朋党，始于牛僧孺、李宗闵对策，而成于钱徽之贬。(《唐书·李宗闵传》：长庆初，钱徽典贡举，宗闵托所亲于徽，而李德裕、李绅、元稹在翰林，有宠于帝。共白徽取士不以实。宗闵坐贬，由是嫌忌显，结树党相谋轧，凡四十年，缙绅之祸不能解。)汉党锢以节义，群而不党之君子也。以君子而受党之名，故其俗清。唐朋党以势利，比而不周之小人也，以小人而趋势利，势利尽而止。故其衰季士无操行。（论出王伯厚氏）

第八节　清议

唐代不以乡论为重，故乡论因之衰息。观武后天授二年薛谦光论取士之弊，谓乡议决小人之笔，行修无长者之论。又云：所举非不询于乡间，归于里正。然虽迹亏名教，罪加刑典，或冒籍窃资，邀勋盗级，假其贿赂，即为无犯乡间云云。则并六朝之不若矣。然爱国诗人若杜子美、韩昌黎、孟东野、元次山、杜樊川、白香山等所作诗多规讽时事，犹得风骚忠厚之旨焉。顾亭林曰：天下有道，则庶人不议。然则政务风俗苟非尽善，即许庶人之议矣。故盘庚之诰曰：无或敢伏小人之攸箴。而国有大疑，卜诸庶民之从逆。子产不毁乡校，汉文止辇受言，皆以此也。唐之中世，此意犹存。鲁山令元德秀，遣乐工数人，连袂歌于芳于（即德秀所作歌），元宗为之感动。白居易为盩厔尉，作乐府及诗百余篇，规讽时事，流闻禁中，宪宗召入翰林。斯亦近于陈列国之风，听舆人之诵者矣。

第九节　氏族

当时族望犹重，如李积门户第一而有清名，常以爵位不如族望，虽官至郎中、刺史，与人书札，犹称陇西李积，（李肇《国史补》）是也。然一乱于义男（当时义男最多），再乱于同姓通谱（李肇《国史补》：李峤与李迥秀同在庙堂，奉诏为兄弟。又西祖王璋，与信安王祎同产，故赵郡、陇西二族，昭穆不定。一会之中，或孙为祖，或祖为孙），而氏族殆不可辨矣。又况私鬻告敕者之层见叠出乎！

第十节 家法

唐河东节度使柳公绰在公卿间最名有家法。中门东有小斋，自非朝谒之日，每平旦辄出至小斋。诸子仲郢，皆束带晨省于中门之北。公绰决私事，接宾客，与弟公权及群从弟再会食，自旦至莫，不离小斋。烛至，则命一人子弟执经史，躬读一过讫，乃讲论居官治家之法，或论文，或听琴，至夜深然后归寝，诸子复昏定于中门之北。凡二十余年，未尝一日变易。其遇饥岁，则诸子皆蔬食，曰：吾兄弟侍先君为丹州刺史，以学业未成，不听食肉，吾不敢忘也。公绰居外藩，其子每入境，郡邑未尝知。既至，每出入，常于戟门外下马，呼幕宾为丈，皆许纳拜，未尝笑语款洽。公绰之子仲郢以礼律身，居家无事，亦端坐拱手。出内斋，未尝不束带。三为大镇，厩无良马，衣不熏香。公退必读书，手不释卷。家法：在官不奏祥瑞，不度僧道，不贷赃吏法。（朱子《小学》引）此柳氏家法之足垂教后世者。柳玭曰：王相国涯，方居相位，掌利权。窦氏女归请曰：玉工货一钗奇巧，须七十万钱。王曰：七十万钱，我一月俸金耳，岂于汝惜。但一钗七十万，此妖物也，必与祸相随。女子不复敢言。数月，女自婚姻会归，告王曰：前时钗为冯外郎妻首饰矣，乃冯球也。王叹曰：冯为郎吏，妻之首饰有七十万钱，其可久乎！冯为贾相悚门人，最密。贾有苍头颇张威福，冯召而勖之。未浃旬，冯晨谒贾，有二青衣苍头捧地黄酒出，饮之，食顷而终。贾为出涕，竟不知其由。又明年，王、贾皆遘祸。噫！王以珍玩奇货为物之妖，信知言矣。徒知物之妖，而不知恩权隆赫之妖，甚于物邪。冯以卑位贪宝货，已不能正其家，尽忠所事而不能保其身，斯亦不足言矣。贾之臧获，害门客于墙庑之间而不知，欲终始富贵，其可得乎！此虽一事，作戒数端。呜乎！观于柳氏之所以兴，王、贾、冯之所以败，居家者宜知所去取矣。

第十一节　婚娶

唐世婚礼纳采，有合欢、嘉禾、阿胶、九子蒲、朱苇、双石、绵絮、长命缕、乾漆九事。胶、漆取其固，绵絮取其调柔，蒲、苇取其心可屈可伸，嘉禾分福也，双石义在双固也。当迎妇，以粟三升填臼，席一枚以覆井，枲三斤以塞窗，箭三只置户上。妇上车，婿骑而环车三匝。女嫁之明日，其家作黍臛。女将上车，以蔽膝覆面。妇入门，舅姑以下皆从便门出，复从门入，言当蹒新妇迹。又妇入门，先拜猪栀及灶，行礼则夫妇并拜，或共结镜纽。娶妇之家，喜弄新妇。腊月娶妇不见姑。（《酉阳杂俎》）通婚最重族望，依然六朝之风。李日知贵，诸子方总角，皆通婚名族。李怀远与李林甫善，常慕与山东著姓为婚姻，引就清列。张说好求山东婚姻，与张氏亲者，皆为门甲。四姓郑氏，不离荥阳。冈头卢、潭底李、土门崔，皆为显族。窦威尝谓关东人与崔、卢婚者，犹自矜大。（见《汇苑》及《合璧事类》）盖结婚者以得望族为荣，而望族若太原王、范阳卢、荥阳郑、清河博陵二崔、陇西赵郡二李等七姓，又恃其族望，耻与卑族为婚。自高宗禁其自相姻娶，于是不敢复行婚礼，饰其女以送夫家焉。（《隋唐嘉话》）山东士人嫁娶，必多取资，人谓之卖婚。（刘知几《史通》）时又有冥婚之事。韦后为其弟洵与萧至忠殇女冥婚，（《唐书·至忠传》）是也。结婚自由。如李林甫之女于宝窗选婿，张嘉贞之女于绣幔牵丝，（《山堂肆考》）是也。离婚自由。如严灌夫以无子而欲出妻，妻作诗喻意而止。杨志坚之妻求离婚，颜鲁公为抚州刺史而不能判其复合，（《云溪友议》）是也。

第十二节　赌博

唐时赌博之事，上自天子，下及庶人，不以为讳。武后竟自置九胜博局，令文武官分朋为此戏。（《记纂渊海》）武三思与韦后双陆，中宗至为之点筹。张贾出守衡州，上曰：闻卿大善长行。贾曰：臣公事之余，聊与宾客为戏，非有所妨也。杨国忠乃以善摴蒱得入供奉焉。盖当时博戏，长行最盛，王公大人莫不耽玩。至于废庆吊，忘寝食，有通宵而战者，有破产而输者。（李肇《国史补》）双陆最近古，号雅戏，始于西竺，流于曹魏，盛于梁陈魏齐隋唐之间。（宋洪迈序）高宗咸亨中，贝州潘彦好双陆，每有所诣，局不离身。曾泛海遇风船破，彦右手持一板，左手抱双陆局，口啣双陆骰子，二日一夜至岸，两手见骨，局终不舍，骰子亦在口，其癖一至于此。（《朝野佥载》）此所谓上有好者，下必有甚者也。其时纠率拇蒱者谓之公子家，又谓之录事，又谓之囊家。（《山堂肆考》）李翱作《五木经》，志拇蒱之事最详，虽游戏之文字乎，抑亦有所寄托也。

第十三节　斗鸡走马养鹰

唐时斗鸡之戏，最盛于上巳之辰。元宗在藩邸乐此戏，及即位，治鸡坊于两宫间，索长安雄鸡千数，养于鸡坊。选六军小儿五百人，使驯扰教饲。上之好之，民风尤甚，诸王世家倾帑破产，市鸡以偿鸡值，都中男女以弄鸡为事，贫者弄假鸡。贾昌以善弄鸡，得为五百小儿长。开元十四年，昌之父忠从封东岳道死，得旨沿途护送丧车，天下号昌为神鸡童。时人为之语曰：生儿不用识文字，斗鸡走马胜读书。（陈鸿《东城老父传》）斯亦元宗之不善作则者矣。按斗鸡之事，始于春秋时之季郈（季平子郈昭伯），至战国而齐俗最盛。斗鸡之外，兼及纵犬，与当时走马之戏并行。至汉而养鹦鹉者纷纷矣。唐代除斗鸡走马外（李义山《杂纂》以重孝斗鸡走马为颠狂，则无孝服时，常为之矣），养鹰之事，亦盛行于俗间，此段成式所以有"肉攫部"之作也。夫走马本足以厉尚武精神，较之斗鸡养鸟犹为有益。然游闲公子流连忘反,因之倾家荡产,或大启斗争者,屡见不一见,竟与无业游民之斗鸟斗蟋蟀同为敝俗焉,可胜叹哉!

第十四节 游宴

王仁裕《开元天宝遗事》云:都人士女每至春时,各乘车跨马,供帐于园圃或郊野中,为探春之宴。又云:长安有平康坊,妓女所居之地,京都侠少萃集于此。兼每年新进士以红笺名纸游谒其中,时人谓此坊为风流薮泽。而孙棨《北里志》谓曲中诸妓之母皆假母,妓入其中,则无以自脱。诸妓多为富豪辈,日输一缗于母,谓之买断。诸妓以出里艰难,南街保唐寺有讲席,多以月之八日相率听焉。皆纳其假母一缗,然后能出于里。其于他处,必因而游,或约人与同行,则为下婢而纳赀于假母。故保唐寺每三、八日士子极多。然大中以前,北里颇为不测之地,往往有谋杀人之事。王式、令狐滈尝目击之,几罹其毒云。盖自来辇毂之地,士女必极豪华,而士大夫之游宴歌舞,虽盛世亦不之禁。谢安所谓"不尔何以为京师"也。且自六朝以来,士大夫挟妓饮酒赋诗,本属寻常之事,唐代重视进士,进士之所玩狎,当时并传为嘉话。故新进士赠妓之诗,唐人独多。而士大夫之赠妓以诗者,亦复不少。扬州风景,秦淮夜月,名士诗人,风流自赏。或半生薄幸,或别有怀抱(如杜牧之、白香山等),识者乃于此觇世运焉。

第十五节　任侠刺客

唐代任侠刺客，如段成式《剑侠传》所述之车中女子、僧侠、京西店老人、兰陵老人、卢生、聂隐娘、荆十三娘、田膨郎、红线、昆仑奴、贾人妻、虬须叟等，及《江行杂录》所述之李龟寿，其趋人之急，而又不轻示人以技，许人以身，绰有古风。其胸次则逊古人远甚。又唐代盗杀宰相有二事。其一，元和十年盗杀武元衡，刺裴度伤而免，王承宗之所遣也。其一，开成三年盗刺李石，以马逸得脱，仇士良之所遣也。盖是时藩镇宦官皆得以暗杀手段挟制朝廷。唐事已不可为，而为藩镇宦官所用之刺客，其人格亦不足数矣。

第十六节　械斗

唐杜佑《通典》：五岭以南，人杂夷獠，不知教义，以富为雄。铸铜为大鼓，初成悬于庭中，置酒以招同类。人多构仇怨，欲相攻击，则鸣此鼓。有此鼓者，号为都老。《海槎余录》：黎人皆善射好斗，积世之仇必报。每会聚，亲朋各席地而坐，饮酣顾梁上弓矢，遂奋报仇之志，而众论称焉。其弓矢，盖其祖先有几次斗败之耻，则刻箭几次，射于梁上以记之者也。饮醉，鼓众复饮，相与叫号作狗吠声，自云本系狗种，欲使祖先知而庇之也。以次则宰羊羔肉，俵散就近村落，无不踊跃接受，克日起兵。仇家闻之，亦如此法。募兵应敌临阵，遇府县公差人役，乐请观战。两家妇女亦各集本营，当退食之时，妇女争出营认箭，两不拘忌。其俗云男子仇则结于男子面上，若及女子，则其家更深仇怨矣。其胜败追奔，亦各有程度，不少逾其数。中罹锋镝死者，父母妻子讳不悲泣，恐敌人知其不武也。观此二说，而知械斗本野蛮之俗所常有，盖不自唐始也。然由唐以至于今，经数千年之文化，而两粤及吾江西之吉、赣、乐、平等处，械斗之案犹层见而叠出，岂其野蛮之俗竟不可变耶。呜呼！使移其私斗之勇而用之于公战，则尚武之风一倡百和。于以振中国民族之衰弱，岂非卓卓焉军国民之资格哉！惜其梗化而莫之悟也。

第十七节　巫觋

昔者圣人处未开化之时代，知神权迷信之难以猝破也，故本神道以设教，而巫觋在所不禁。观《周礼·春官》可知矣。春秋以降，淫祀渐兴，诅祝多有，桑田之巫、梗阳之巫及楚之范巫缘是以出。汉时乃有巫蛊，以至六朝，巫觋盛行。《颜氏家训》至目之为妖妄。然信巫觋者至唐而又甚焉。元宗之封东岳也，用老巫阿马婆以礼岳神。（《开天传信记》）王玙之相肃宗也，分遣女巫于各州县，恶少数十人随之，所到横索金帛。（《唐国史补》）棣王琰之二孺人争宠也，密求巫者置符琰履中以求媚。（《唐书》本传）奉巫觋为神明，号巫觋为天师，不但用之医病祈福祈雨也，即升迁之事亦决之于巫觋。如范摅《云溪友议》所载：石州巫言石雄升迁之事悉验，是也。然韦觐为太仆，使巫祷求节度使，而卒贬潘州司马；（《云溪友议》）赵彦昭以巫力得宰相，为御史郭震所奏；姚崇执政，卒贬江州别驾，（《隋唐嘉话》）巫觋之术安在乎！《灵异记》又载：白行简生魂求食，中巫术而死。苏州巫赵十四平日能致生魂，又曾以术致许至雍妻之死魂，其说尤怪诞，而世俗信之。大抵当时社会上迷信巫觋，已成为一种之神经病。虽有崔郸之毁金天神像，杖责神巫董氏（《酉阳杂俎》），狄惟谦之因求雨不验，杖杀女巫郭天师（《剧谈录》），而信之者如故也。彼李嘉祐、王建赛神之诗，其犹有醒俗之意乎？

第十八节　言语

郎　郎之名起自秦汉郎官，而吴中之呼周瑜为周郎（《三国志》），吴民之呼孙策为孙郎（《江表传》），僮隶之呼桓石虔为镇恶郎（《世说》石虔小字镇恶），军士之呼独孤信为独孤郎（《后周书》），由来已久，故唐人多用之。温大雅

《大唐创业起居注》：时文武官人并未署置。军中呼太子、秦王为大郎、二郎，此与隋时人之呼滕王瓒为杨三郎（《隋书》）同。张易之、张昌宗有宠，武承嗣、武三思、宗楚客、宗晋卿等候其门庭，争执鞭辔，呼易之为五郎，昌宗为六郎。郑杲谓宋璟曰：中丞奈何卿五郎？璟曰：以官言之，正当为卿。足下非张卿家奴何郎之有？安禄山德李林甫，呼十郎。王鉷谓王琪为七郎。李辅国用事，中贵人不敢呼其官，但呼五郎。程元振军中呼为十郎。陈少游谒中官董秀称七郎。甚至臣下称天子亦谓之郎。《唐书·韦坚传》：三郎当殿坐，看唱得宝歌。三郎谓元宗，以其行第三，故呼三郎也。曾祖呼曾孙亦谓之郎。刘宾客《嘉话录》：元宗呼德宗为恖郎，是也。然郎实为奴仆称其主人之辞，观宋璟之言可知。又隋京兆韦衮之奴，称衮为郎君，见张鷟《朝野佥载》。而《通鉴》注亦云：门生家奴呼其主为郎，今俗谓之郎主。盖自唐以后，僮奴称主人通谓之郎矣。

哥　哥之称谓，随时而异。有以之称帝王者。《汉武故事》：王母命侍者四拜答哥哥。是也。有以之称子者。宋王荆公谓子雱曰：大哥。赵善湘语子范曰：三哥甚有福（谓第三子葵）。是也。有以之称弟者。宋钦宗卧太后车前，曰：传语九哥（谓高宗）。是也。唐人则竟呼父为哥。观《旧唐书·王琚传》：元宗泣曰：四哥（睿宗行四）仁孝，同气惟有太平。元宗子《棣王琰传》：惟三哥（元宗行三）辨其罪可知。按今人称兄为哥，而六朝或呼父为兄（见北齐诸王），唐人之呼父为哥，固无足异。总之，哥为兄之别称，若唐元宗与宁王宪书称大哥。以哥称其兄，尚不失为正。五代晋王存勖呼张承业为七哥，孔谦呼伶人景进为八哥，亦称兄长。

宅家 天子原有天家、大家、官家之称。蔡邕《独断》：天家，百官小吏之所称，天子无外，以天下为家，故称天家。亲近侍从官称天子为大家。《晋书·五行志》：义熙初童谣曰：官家养芦化为荻，芦生不止自成积。《湘山野录》：五帝官天下，三王家天下，故曰官家是也。唐时宫中则呼天子为宅家。《通鉴》：唐昭宗乾宁四年，韩建发兵围十六宅，诸王呼曰：宅家救儿。昭宗光化三年，刘季述等至思政殿，皇后趋至，拜曰：军容勿惊宅家。是也。《资暇录》：官家又称宅家，言以天下为宅，四海为家也。

官人 南人称士人为官人。韩昌黎《王适墓志铭》：一女怜之必嫁官人，不以与凡子。杜子美《逢唐兴刘主簿》诗：剑外官人冷。

好汉 《新唐书·张柬之传》武后谓狄仁杰曰：安得一奇士用之？仁杰曰：荆州长史张柬之，宰相才也。《旧唐书》入此事仁杰传，奇士作好汉。《能改斋漫录·事实编》引东坡诗云：人间一好汉，谁似张长史。谓男子为汉，唐已有之。元宗谓吉温为不良汉，见《旧唐书·酷吏温传》。刘蕡为杨嗣复门生，对策忤时，仇士良谓嗣复曰：奈何以国家科第，放此风汉。见《玉泉子》。郑愔骂选人为糜汉，见《朝野佥载》。又穷汉见《义山杂纂》。

娘子 始于隋柴绍妻典兵之呼娘子军。昌黎有祭周氏十二娘子文。花蕊夫人宫词：诸院各分娘子位。《北里志》诗：两头娘子谢夫人。盖以为妇女之通称矣。幼女亦称小娘子，见《玉泉子》。

丫头 刘宾客诗：花面丫头十二三。

阿妳 李义山《杂纂》七不称意内云：少阿妳。李贺称母曰阿婆。《正字通》：《通雅》曰沐猴猕猴，母猴也。《前汉·西域传》沐猴注：沐猴即猕猴母，音转如马，方言呼母曰婆，此其证也。

半子　《唐书·回纥传》：咸安公主下嫁可汗，上书恭甚，其言昔为兄弟，今为半子也。

檀郎　李义山诗：谢傅门庭旧未行，今朝歌管属檀郎。李贺诗：檀郎谢女眠何处。

亲家　男女缔姻者，两家相谓为亲家。见《唐书·萧嵩传》。

花娘　陶隐居《辍耕录》云：娼妓为花娘。李贺《申胡觱篥歌》序：命花娘出幕俳佪拜客。是也。今嘉定俗骂妇人之贱者曰花娘，吾江西骂妇人之贱者曰婊子，又谓娼妓为花婆子。

家生儿　《史记·陈胜传》：免骊山徒人奴产子。师古曰：奴产子，犹人云家生儿也。今俗谓奴仆为家人，或曰管家。而嘉定俗谓奴婢所生子，亦曰家生儿。

阿奢　媪婿也。《通鉴》：窦怀贞再娶韦后乳姬为妻，奏请辄自署阿奢，不惭。

矬　七禾反，短身也。《唐书·王伾传》：伾貌矬陋。《玉泉子》裴垣谓子勋曰：矬人饶舌。

郎当　不强健也，见《唐书》。按一作银铛。《说文》：锁也。《前汉·王莽传》以铁锁银铛其颈注：亦训长镰。《六书故》：银铛之为物，连牵而重，故俗以困重不举为银铛。又《前汉·五行志》作琅当。

楼罗　《唐书·回纥传》：加册可汗为登里颉咄登蜜施含俱录英义建功毗伽可汗。含俱录，华言娄罗也，盖聪明才敏之意。《鹤林玉露》：偻㑩，谓猾也。《五代史·刘铢传》：诸君可谓楼罗儿矣。《宋史》：张思钧起行伍，征伐颇有功，质状小而精悍。太宗尝称其楼罗，自是人目为小楼罗焉。则宋人用唐人之遗语也。然楼罗二字，究不始于唐观，《酉阳杂俎》引梁元帝风人辞云：城头网雀，楼罗人著。《南齐书》顾欢论云：娄罗之辨。《北史·王昕传》：尝有鲜卑聚语，崔昂戏问昕曰：颇解此不？昕曰：楼罗楼罗，实自难解可知矣。

措大　寒山子诗：个是何措大，时来省南院。《通鉴·唐文宗纪考异》曰：皮光业《见闻录》曰：崔慎由寓直，有一中使引至一小殿，见文宗坐于殿上，有某径登阶，疏文宗过恶，上唯俛首。又曰：不为此拗木枕措大，不合更在此坐矣。街谈以好拗为拗木枕。仍戒慎由曰：事泄即是此措大。慎由遂秘不敢言。李义山《杂纂》：必不来，穷措大唤妓女。相似鸦似措大，饥寒则鸣，不如不解，措大解音则废业。

白袍子　唐士子入试，皆着白衣，故有白袍子何太纷纷之语。今俗谓未进身者为白衣人。按白衣白袍，与《管子·乘马篇》之白徒，《北史·李敏传》之白丁，《魏书·食货志》之白民同。

底　唐张嘉贞为舍人，崔湜轻之，呼为张底。今嘉定俗，轻薄人亦呼为某家底。

村气　刘𫗧《隋唐嘉话》：薛万彻尚丹阳公主，太宗尝谓人曰：此乃薛驸马村气也。

夭邪　夭音歪。唐诗：钱塘苏小小，人道最夭邪。夭邪，谓妇人身容不正也。

流落　《明皇杂录》：李白、杜甫、孟浩然虽有文名，俱流落不偶。按一作留落。《史记·匈奴传》然而诸将常坐留落不遇注：谓迟留零落，不遇合也。又留本与流通，则谓流落与留落同义可也。

含胡　唐颜杲卿含胡而死。今俗谓人语不明了曰含胡。宋苏长公《石钟山记》：南声函胡，亦谓声不明了也。

辜负　谓虚人意也，见《唐书》。

欺负　李翊《俗呼小录》：见陵于人为欺负。

罗师　张鷟《朝野佥载》：宗楚客除袁守一为监察御史，于朝堂抗衡于窦怀贞曰：与公罗师。罗师者，市郭小儿语无交涉也。

活计　生理也，出白乐天诗。

认得　白居易诗：一班遥认得。

记得　刘禹锡诗：记得云鬟第一歌。

穷相　《摭言》：与郑光业同居之人谢光业，有穷相骨头之语。

背面　杜甫《北征》诗：见爷背面啼。李商隐诗：十五泣春风，背面秋千下。

错认　《摭言》无名子嘲郑薰诗：主司头脑太冬烘，错认颜摽作鲁公。

琐细　杜诗：逶迤罗水族，琐细不足名。权德舆诗：琐细何以报。又陆游诗：洒扫一庵躬琐细。《却扫编》：宣徽使本唐宦者之官，故其所掌皆琐细之事。

花样　《国史补》：薛兼训为江东节制，密令军中未有室者，于北地娶织妇以归，岁得数百人，由是越俗大化，竞添花样。

乌鬼　杜甫诗：家家养乌鬼。《邵氏闻见录》：夔峡之人，正月十一日，为曹设牲酒于田间，已而众操兵大噪，谓之养乌鬼。《漫叟诗话》：川人嗜猪，家家养猪，每呼猪作乌鬼声，故谓之乌鬼。

　　当面　杜甫诗：奸佞每思当面吐。

　　差脚　《旧唐书·宣宗纪》：赐泾原、凤翔、邠宁诸镇绢制。有度支差脚支送之语。今谓专差及挑夫、搬运夫亦曰脚子。

　　吃饭　杜甫诗：但使残年饱吃饭，但愿无事长相见。《传灯录》惠海禅师曰：我修道只是饥来吃饭，困来即眠。

　　零碎　《唐书·懿宗纪续》：据户部牒称州府除陌钱有折色零碎。白居易《老柳树》诗：雪花零碎逐年减。

　　多半　方干送孙百篇《游天台诗》：更有仙花与灵鸟，恐君多半未知名。林逋诗：常怜古图画，多半写渔樵。欧阳原功《西湖》诗：小船多半载吴姬。

　　无理取闹　韩愈《食虾蟆》诗：为声相呼和，无理只取闹。

　　稳当　杜牧诗：为报眼波须稳当，五陵游客莫知闻。

　　来厘　《吴中记闻》：吴民呼来为厘，始于陆德明。贻我来年，弃甲复来。皆音厘，盖德明吴人也。

　　里许　谓里面也。温岐词：合欢桃核终堪恨，里许原来自有人。

　　在何许　杜诗：我生本飘飘，今复在何许。

　　噫吁嘻　咄嗻　《弇州山人稿》：蜀人见惊异者曰噫吁嘻。晋音尊者喔，左右应曰嗻。故太白《蜀道难》：表圣休休，亭记用之。

　　懊　《广韵》：乌皓切，音袄，恼也。《集韵》：恨也，或作怃。晋绿珠有懊侬歌。吾江西及湖南有所恨曰懊人，但音如爱，盖懊本有爱忱之义。见郭璞《尔雅·释言》：懊，忱也。

　　注：人情因爱生恼，终为懊恨之意。且谓懊为爱，犹谓治为乱，

谓洗为污，谓故为今，谓存为徂，谓嘉耦为好仇，语之反也。

懵懂　《广韵》：心乱也，懂亦作懂。

眼睛　韩愈《月蚀》诗：念此日月者，为天之眼睛。

一样　王建《宫词》：新衫一样殿头黄。

早饭　白居易《履道西门》诗：行灶朝香炊早饭。又文天祥《简李深之》诗：早饭带星炊。张宪《寄天香师》诗：海龙邀早饭。

中饭　李频《南游》诗：向野聊中饭。

乘凉　李频《南游》诗：乘凉探暮程。

点心　《唐史》郑傪夫人顾其弟曰：治妆未毕，我未及餐，尔且可点心。盖谓小餐也。

快活　《翰林志》：梅询为翰林学士，一日书诏频多，构思甚苦。忽见老卒卧于日次，欠伸甚适。梅叹曰：畅哉！徐问之，曰：识字乎？曰：不识。梅曰：更快活也。《五代史·刘昫传》：三司诸吏闻昫相，相贺曰：自此我曹快活矣。《道山清话》：太皇之圣，称为女尧舜。方其垂帘，每有号令，天下人谓之快活条贯。刘克庄诗：莫是后身刘快活。

寄信　张籍诗：寄信觅吴鞋。贾岛诗：寄信船一只。又欧阳修诗：寄信无秋雁。

乞相　《摭言》：薛逢晚年厄于宦途，尝策羸马赴朝，值新进士缀行而出，团师所由辈，见逢行李萧条。前曰：回避新郎君。即遣一介语之，曰：莫乞相阿婆，三五少年时，也曾东涂西抹来。

书魔　白居易诗：书魔昏两眼。苏轼《午寝》诗：平生尚有书魔在。

属付　贾铼《大悲禅师碑》：一旦密承属付，莫有知者。又朱子《题李氏遗经阁诗》：更得湖南亲属付，归来端的有余师。

商量　《大唐嘉话》：睿宗与群臣呼明皇为三郎，凡所奏请，必曰与三郎商量未。

用费　《唐书·崔仁师传》：迁度支郎中，尝口陈移用费数千名。

送行　高适诗：只言啼鸟堪求侣，无那春风欲送行。

好处　韩愈诗：最是一年春好处。郑谷诗：村逢好处嫌风便。

喜事　韩愈《灯花》诗：更烦将喜事，来报主人公。

方便　元稹《台中鞫狱》诗：死款依稀取，斗辞方便删。又《维摩经》：摩诘以无量方便，饶益众生。

摘茶 采茶　韩偓诗：生涯采芝叟，乡俗摘茶歌。温庭筠诗：采茶溪树绿。又陆游诗：采茶歌里春光老。

对面　《唐书·房乔传》高祖曰：若人机识，是宜委任，每为吾儿陈事，千里外若对面语。杜甫诗：忍能对面为盗贼。杨万里诗：对面一双峰。陆游诗：舟中对面不得语。

热闹　《清异录》武宗谓王才人曰：朕非不能取热闹快活，正要与弦管尊罍，暂时离别。白居易诗：热闹渐知随念尽。

什么　《摭言》：韩愈见牛僧孺所作《说乐篇》，问曰：且以拍板为什么？

到底　《旧唐书·李渤传》：凡十家之内，大半逃亡，亦须五家摊税，似投石井中，非到底不止。又张咏《寄郝太冲》诗：新编到底将何用。陆游诗：更事老翁顽到底。耶律楚材诗：功名到底成何事。

一半　唐太宗《望雪》诗：迎风一半斜。方干诗：生涯一半在渔舟。罗隐诗：一半秋光此夕分。

一霎　孟郊《春后雨》诗：昨夜一霎雨。又陈造《宿商卿家诗》：蝶梦蘧蘧才一霎。

郎罢　罢，薄蟹切。顾况囝诗：郎罢别囝，吾悔生汝，云云。自注：囝音蹇，闽俗呼子为囝，父为郎罢。陆游诗：阿囝略知郎罢老。

一片　众声高也，出薛能诗。

一泼　李翊《俗呼小录》：雨一番一起为一泼。

娅咿　鸦牙二音，司空图文：女则牙牙学语。

温暾　冷热适中也，一曰热不透也。王建诗：新晴草色暖温暾。今苏州有此语。

库露　玲珑，空虚也。皮日休诗：襄阳作髹器，中有库露真。今苏州谓亮窗曰库露格，但库露读作平声。

直笼统　不委曲也，见《唐书》。

黑暗　《闻见后录》：南人谓象齿为白暗，犀角为黑暗。少陵诗：黑暗通蛮货。用方言也。

耳边风　杜荀鹤诗：百岁有涯头上雪，万般无染耳边风。今嘉定谓人聆言不省，曰耳边风。

岸溉土锉　宋王伯厚《困学纪闻》评诗云：杜诗多用方言，如岸溉土锉。乃黔蜀人语。

彭亨　韩文公石鼎联句：豕腹胀彭亨。今嘉定俗呼腹胀曰彭亨。

波站　李翊《俗呼小录》：跑谓之波，立谓之站。

添　李翊《俗呼小录》：呼下酒具为添。

俺　《广韵》：于验切，音俺，我也。按北人称我曰俺。

俵　《广韵》：方庙切，标去声。《六书故》：俵，分畀也。

唐人称呼人喜用次第。高祖呼裴寂为裴二，明皇呼宋济为宋五，德宗呼陆贽为陆九，见王定保《摭言》。韦夏卿有知人之鉴，因退朝，于街中逢再从弟执谊、从弟渠牟舟，三人皆第二十四，并为郎官。簇马良久，曰：今日逢三二十四郎，辄欲题目之。王藻、王素贞元中应举齐名第十四，每偕往还通家，称十四郎，见《大唐传》载。而范摅《云溪友议》称李绅为李二十。《玉泉子》：崔铉谓路岩为路十。刘宾客《嘉话录》亦有韩十八愈、李二十六程、李二十六丈、丞相席十八舍人之称。《唐书·郑綮传》：本善诗，其语诽谐，故使落词，世共号郑五歇后体，是称郑綮为郑五也。而綮又自称郑五，亦见本传。

第三章　五代

第一节　概论

罗仲素曰：教化者，朝廷之先务。廉耻者，士人之美节。风俗者，天下之大事。朝廷有教化，则士人有廉耻。士人有廉耻，则天下有风俗。至哉言也。欧阳公《五代史》于家人及诸臣死事一行王进等列传，皆痛斥当时风俗上之绝灭伦理，丧失廉耻。而于《冯道传》言之尤切，其言曰：礼义廉耻，是谓四维。四维不张，国乃灭亡。善乎！《管子》之能言也。礼义治人之大法，廉耻立人之大节。盖不廉则无所不取，不耻则无所不为。人而如此，则祸败乱亡，无所不至。况为大臣，而无所不取无所不为，则天下其有不乱，国家其有不亡者乎！予读冯道《长乐老叙》，见其自述以为荣，其可谓无廉耻者矣。则天下国家可得而知也。按冯道事四姓十君，窃位于篡弑武人之朝，不自知愧，故欧阳公骂之如此。又于传末引王凝妻李氏以愧忍耻偷生之辈之学冯道者，其意深矣。明高忠宪有言曰：世间一点耻心，至冯道灭尽。呜呼！古今之无耻者，无过于冯道，则冯道为古今无耻者之代表；而五代风俗之无耻，更何不可以冯道代表之也。冯道可谓衣冠禽兽矣，然后世之崇拜冯道，模仿冯道，利用冯道，而生非五代，不见正于欧公之笔者，可胜道哉！

第二节　氏族及名字

氏族之乱，莫甚于五代之时。当日承唐余风，犹重门荫。故史言梁唐之际，仕宦遭乱奔亡，而吏部铨文书不完，因缘以为奸利。至有私鬻告敕，乱易昭穆，而季父母舅反拜侄甥者。

(《五代史·豆卢革传》)当时人取名多用彦字(赵云松《廿二史札记》言之最详),与六朝人取名之多用僧字者相同,亦一时无谓之好尚矣。

第三节 言语

姑夫 《五代史》:石敬瑭入篡时,皇后云姑夫。

风子 《通鉴·梁纪考异》:陶岳《五代史补》云:杨涉之子凝式,见事泄,即日佯狂,时谓之风子。

赖子 《五代史》:高从诲为高赖子。今俗谓攘夺无耻者为赖子。

亲家翁 男女缔姻者,两家相谓为亲家,五代则谓为亲家翁。见《五代史·刘煦传》及苏氏《开谈录》。

眼孔小 屋子 《书言故事》云:桑维翰爱钱。上曰:措大眼孔小,与钱十万贯,塞破屋子矣。

吃饭处 《五代史·安叔千传》耶律德光劳叔千曰:汝在邢州,已通诚款,吾今至此,当与汝一吃饭处。

泥窗 蜀人谓糊窗为泥窗,花蕊夫人《宫词》:红锦泥窗绕四廊。

[第四编]

由浮靡而趋敦朴时代

第一章 宋

第一节 概论

顾亭林先生曰：《宋史》言士大夫忠义之气，至于五季变化殆尽。宋之初兴，范质、王溥犹有余憾。艺祖首褒韩通，次表卫融，以示意向。真、仁之世，田锡、王禹偁、范仲淹、欧阳修、唐介诸贤，以直言谠论倡于朝。于是中外荐绅咸以名节为高，廉耻相尚，尽去五季之陋。故靖康之变，志士投袂，起而勤王（如宗泽、韩琦、刘锜诸人），临难不屈，所在有之。及宋之亡，忠节相望。呜呼！观哀平之可以变而为东京，五代之可以变而为宋，则天下无不可变之风俗也。

第二节 饮食

《枫窗小牍》云：旧京工役固多奇妙，即烹煮槃案亦复擅名。如王楼梅花包子、曹婆婆肉饼、薛家羊饭、梅家鹅鸭、曹家从食、徐家瓠羹、郑家油饼、王家乳酪、段家熝物、石逢巴子南食之类，皆声称于时。若南迁湖上鱼羹、宋五嫂羊肉、王家血肚羹、宋小巴之类，皆当行不数者。此可以觇当时饮食之好尚矣。其普通制作饮食之法，则虞悰《食珍录》言之最详。

第三节　衣服

《文献通考》：宋真宗太中祥符间，禁民间服皂班缬衣。《宋史·舆服志》曰：初皇亲与内臣所衣紫，皆再入为黝色。后士庶渐相效，言者以为奇衺之服，仁宗始禁之。紫衫本军校之服，中兴士大夫服之以便戎事，高宗绍兴二十六年，禁毋得以戎服临民，自是紫衫遂废。凉衫其制如紫衫，亦曰白衫。孝宗乾道初，王俨奏：窃见近日士大夫皆服凉衫，甚非美观，而以交际临民，居官纯素，可憎有似凶服。陛下方奉两宫，所宜革。且文武并用，本不偏废，朝章之外，宜有便衣，仍存紫衫，未害大体。于是禁服白衫。先是宫中尚白角冠梳，人争效之，谓之内样，名曰垂肩、等肩，至有长三尺者，梳长亦逾尺，言者以为服妖。仁宗乃下诏，令妇人所服冠高毋得逾四尺，广毋得逾一尺，梳毋得逾四寸，毋以角为之。《朝野杂记》述宋代衣服之改变，则谓自渡江以后，人情日趋于简易，不能复故云。

第四节 忠义

以宋代仁人义士之接踵，徒随劫运以俱尽，卒无补于国之危亡，读史者未免有余憾。然试一思其身当国变，茹辛忍苦，百折不回，又不觉肝胆照人，生气凛凛，如演一场英雄之活剧。不但崇拜之，歌舞之，且有勃然兴起者，以其可为万古国家社会风俗上之标准也。夫既可为万古国家社会风俗之标准，则其可为当时风俗之代表自不待言。故吾言宋之风俗，不得不急举仁人义士以为冠冕焉。

（一）岳飞（字鹏举）。"号令风霆迅，天声动北陬。长驱渡河洛，直捣向燕幽。马蹀阏氏血，旗枭克汗头。归来报明主，恢复旧神州。"此岳飞所作诗也。每一读之，未尝不怵触盛衰兴废之往事，而动凭吊英雄之慨于无已也。其所作《满江红》词云："怒发冲冠，凭栏处，萧萧雨歇。抬望眼，仰天长啸，壮怀激烈。三十功名尘与土，八千里路云和月。莫等闲，白了少年头，空悲切。靖康耻，犹未雪，臣子恨，何时灭。驾长车，踏破贺兰山缺。壮志饥餐胡虏肉，笑谈渴饮匈奴血。待从头，收拾旧河山，朝天阙。"盖又未尝不读之而意气飞动，怦怦不能自已，而唤起人生不可不自励为英雄豪杰之心。盖英雄者，以时势而增重者也。故平易时代之人才，每不及艰难时代之人才。南宋则需才孔亟之时代也。而岳飞能以积弱之宋，抗方兴之金，一二月间，屡战屡捷，势如破竹，固早已悬一指顾间渡河洛，捣幽燕，直抵黄龙，与诸君痛饮之快事之希望于胸中。其前途正未可量，乃金牌见召，不但十年之功废于一旦，竟以三字狱死于秦桧之手，于中国历史上结构一最悲壮之剧。盖岳飞虽为未成事之英雄，而千载下犹有余痛，正以其功败于将成，而爱国排外之思想又不可多得也。然岳飞虽功败于将成，而其精诚浩气固长流行照耀于天地间也。

（二）文天祥（号文山）。《钦定四库全书提要》：《文山集》二十一卷，宋文天祥撰。天祥事迹具《宋史》本传。天祥平生大节，照耀今古，而著作亦极雄赡。其廷试对策及上理宗诸书，持论剀切，尤不愧肝胆如铁石之目。故长谷真逸《农田馀话》曰：宋南渡后，文体破碎，诗体卑弱，惟范石湖、陆放翁为平正。及文天祥留意杜诗，所作顿去当时之凡陋，观《指南前后录》可见。不独忠义贯于一时，亦斯文间气之发见也。又文信国集《杜诗》四卷，于国家沦丧之由，生平阅历之境，及忠臣义士之周旋患难者，一一详志其实，颠末粲然，不愧诗史之目云。今读其诗，如："厥角稽首二百州，正气扫地山河羞。几多江左腰金客，便把君王作路人。"何等痛切！"不是谋归全赵璧，东南那个是男儿。江山不改人心在，宇宙方来事未休。人生自古谁无死，留取丹心照汗青。国破家亡双泪暗，天荒地老一身轻。"何等悲壮！又南康军和东坡《酹江月》云："庐山依旧凄凉处，无限江南人物空。翠晴岚，浮汗漫，还障天东半壁。雁过孤峰，猿啼老嶂，风急波翻雪。乾坤未歇，地灵尚有人杰。堪嗟飘泊孤舟，河倾斗落，客梦催明发，南浦闲云连草树，回首旌旗明灭。三十年来，十年一过，空有星星发。夜深愁，听胡笳，吹彻寒月。"代王夫人作词云："彩云散，香尘灭。铜驼恨，那堪说。想男儿慷慨，嚼穿龈血。回首昭阳离落日，伤心铜雀迎新月。算妾身不愿似天家，金瓯缺。"爱国之心，亡国之恨，读之不觉声泪俱下。至于《正气》一歌，及绝命后，元人检得衣带中"成仁取义"之语，浅人皆能道之。呜呼！天祥之心苦矣，志壮矣。后世论史家常以张世杰、陆秀夫、李庭芝、李芾、陈文龙、单公选、赵与择、马暨、姜才、赵淮、赵卯发、夏椅、王安节、阮正己、江万里等与天祥同为宋数百年国家养士之报，及宋儒提倡学风之效果。谅哉言也。故闻天祥之风者，顽夫廉，懦夫有立志。

（三）郑思肖（号所南）。昔人有言，哀莫大于心死。心者精诚之所集，所以植天经，立人极，亘万古而不磨者也，故自古国家，有人心然后有风俗。宋遗民郑思肖固一心宋室者。其言曰：国之所与立者，非力也，人心也。故善观人国家者，惟观人心尔。又曰：今之人，万其心，一于利，皆痛恶夫乱臣贼子，无人心者之言也。故读其所为《心史》，益知其心之光明俊伟，为有宋一代元气之所存。其诗曰：一心中国梦，万古下泉诗。春风仍日月，世界自山河。不知今日月，但梦宋山川。生得男儿骨，一死亦精神。丈夫立身乃大事，一失此足死亦耻。小臣有誓曾铭骨，不到神州不太平。我非办得中兴事，一点英灵死不消。宁可枝头抱香死，不曾吹落北风中。心敕雷霆开世界，手提日月上山川。誓以匹夫纾国难，艰于乱世取人才。屡曾算至难谋处，裂破肺肝天地哀。真一字一泪。凡所为文皆然，每尽一篇，腔血辄腾跃一度。呜呼！先生之诗文一日在天壤，则先生之精神与中国永无尽也，岂仅于宋代历史上占最高之价值已哉。

此外爱国之诗人犹有陆务观、姜白石、范石湖等。而王伯厚《困学纪闻》又云：更无柳絮随风舞，惟有葵花向日倾，可以见司马公之心；浮云世事改，孤月此心明，可以见东坡公之心。

第五节　廉耻

延平先生（李侗）论治道，必以明天理、正人心、崇节义、厉廉耻为先。故欲察人心之廉耻，觇之于官吏足矣。官吏者有维持风化、表率下民之责者也。理宗时真文忠公（德秀）奏曰：乾道、淳熙间，有位于朝者，以馈遗及门为耻；受任于外者，以苞苴入都为羞。然淳熙十五年朱文公封事，言浙中风俗之弊，甚者以金珠为脯醢，以契券为诗文。则此风犹未革也。盖官吏之贪污，非一日所能去矣。

第六节　学风

陈止斋曰：宋兴，士大夫之学无虑三变。起建隆（太祖），至天圣、明道（仁宗）间，一洗五季之陋，而守故蹈常之习未化。范文正公始与其徒抗之以名节，天下靡然从之，人人耻无以自见也。欧阳子出，而议论文章粹然尔雅，轶乎晋魏之上。久而周子出，又落其华，一本于六艺，学者经术，庶几于三代，何其盛哉！则本朝人物之所由众多也。（见其所作《温州学田记》。）其说于宋代学术之演进，言之甚确。按宋自神宗立太学三舍法，厥后邓肃即以太学生上十诗，论花石之扰。（见王明清《挥麈录》。）陈东即以太学生上书，论大臣误国，并痛陈时事。论史者以为兴学育才之效，但学风之提倡于上者，民之受之，犹在被动地位，不如濂洛关闽诸儒之自行集徒讲学，转足以正人心而维风化也。故宋末忠义之气，实胚胎于讲学诸儒。而太学诸生，除邓肃、陈东外，其余犹多訾议焉。《东轩笔录》曰：王荆公在中书作新经义以授学者，故太学诸生几及三千人。又令判监直讲程第诸生之业，处以上中下三舍。而人闲传以为试中上舍者，朝廷将以不次升擢。于是轻薄书生，矫饰言行，坐作虚誉，奔走公卿之门者若市矣。邓志宏《沙县重修县学记》曰：崇宁（徽宗）以来，蔡京群天下学者，纳之黉舍。校其文艺，等为三品，饮食之给，因而有差，旌别人才，止付于鱼肉铢两间，学者不以为羞，且逐逐然贪之。周密《癸辛杂识后集》曰：三学之横，盛于景定、淳祐之际。凡其所欲出者，虽宰相台谏，亦直攻之使必去，权乃与人主抗衡。一时权相如史嵩之、丁大全不惜行之，亦未如之何也。贾似道作相，度其不可以力胜，遂以术笼络。每重其恩数，丰其馈给，增拨学田，种种加厚。于是诸生睞其利而畏其威，虽目击似道之罪，而噤不敢发一语。及贾要君去国，则上书赞美，极意挽留。今日曰师相，明日曰元老。今日曰周公，明日曰魏公。无一人敢少指其非。《齐东野语》曰：贾似道欲优学舍以邀誉，乃以校尉告身钱帛等俾京庠。拟试时，黄文昌方自江阃入为京尹，益增赏格，虽未缀犹获数百千，于是群四方之士纷然就试。时襄郢已失，江淮日以遽告，有无名子作诗揭之试所云：鼙鼓惊天动地来，九州赤子哭哀哀。庙堂不问平戎策，多把金钱媚秀才。观以上诸说，以可以去权奸之太学生，转而为媚权奸之太学生，盖志趣不端，故笼络之术得以中之也。被动之效果，如是如是。

第七节　婚娶

议婚太早，或于襁褓童幼之时，轻许为婚，因亦有指腹为婚者。及其既长，或不肖无赖，或身有恶疾，或家贫冻馁，或丧服相仍，或仕宦远方，遂至弃信负约，速狱致讼者多矣。（见司马温公《家范》）连姻多主因亲及亲之说，以示不相忘。（《袁氏世范》）故苏洵以女嫁其内兄程濬之子之才，而其女作诗，有"乡人嫁娶重母党"之句。吕荣公夫人张氏，乃待制张显女。待制夫人即荣公母申国夫人之姊，则姨表兄弟姊妹也。然姑舅兄弟当时犹有疑其不可为亲者，《容斋续笔》曾论及之。婚姻论财，故媒妁言最难信。给女家，则曰男家不求备礼，且助出嫁遣之资。给男家，则厚许其所迁之贿，且虚指数目。往往有轻信其言而成婚，其后责恨见欺，夫妻反目，至于仳离者。(《袁氏世范》)娶妇谓之索妇(陆游《老学庵笔记》),娶妇之夕用乐(《清波杂志》宣仁云:寻常人家娶个新妇,尚点几个乐人),有上高座之礼(《袁氏世范》:今之士族,当婚之夕,以两椅相背,置一马鞍,反令婿坐其上,饮以三爵,女家三请而后下,谓之上高座。不及设者,则为缺礼,虽一时衣冠右族,莫不皆然)。余详文公婚礼。

第八节 丧葬

宋时丧礼尽废,士大夫居丧,食肉饮酒,无异平日。又相从宴集,靦然无愧,人亦毫不为怪。乃至鄙野之人,初丧未敛,亲宾则赍酒馔往劳之,主人亦自备酒馔,相与饮啜,醉饱连日。及葬亦如之。甚者初丧作乐以娱尸,及殡葬则以乐道輀车,而号泣随之。亦有乘丧即嫁娶者。(论出司马温公)当时信浮屠诳诱,凡有丧事,无不供佛饭僧,云为死者减罪资福,使生天堂,受诸快乐。不为者必入地狱,剉烧舂磨,受诸苦楚。此种谬说,朱文公曾力辟之。丧祭用纸钱以礼鬼神。纸钱起于汉之葬埋瘗钱,而南齐东昏侯始实行之。(见洪庆善《杜诗辨证》)唐元宗时,王玙为祠祭使祈祷,或焚纸钱。(《唐书·王玙传》)五代以来,寒食野祭率用之,至宋而纸钱盛行于俗间,邵康节比之于明器。(邵伯温《闻见前录》)钱若水不烧楮镪,吕南公(字次儒,南城人,《宋史》入《文苑传》)至为文颂之。(叶大庆《爱日丛抄》)而杜正献亦不焚纸钱(见《却扫编》),然亦寥寥矣。火葬之俗当时最盛。《宋史》绍兴二十七年,监登闻鼓院范同言:今民俗有所谓火化者,生则奉养之具惟恐不至,死则燔爇而捐弃之。国朝著令,贫无葬地者许以官地安葬。河东地狭人众,虽至亲之丧,悉用焚弃。景定(理宗)二年,黄震为吴县尉,乞免再起化人亭状曰:照对本司久例,有行香寺曰通济,在城外西南一里。本亭久为焚人空亭,约十间以罔利。合城愚民悉为所诱,亲死即举而付之烈焰,余骸不化,则又举而投之深渊。哀哉斯人,何苦而遭此身后之大戮耶!震久切痛心,以人微位下,欲言未发。乃五月六日夜,风雷骤至,独尽撤其所谓焚人之亭而去之。意者秽气彰闻,冤魂共诉,皇天震怒。为绝此根,越明日,据寺僧发觉陈状,为之备申使府,盖亦幸此亭之坏耳。案吏何人,敢受寺僧之嘱,行下本司,勒令监造。震窃谓此亭为焚人之亲设也。人之焚其亲,不孝之大者也。此亭其可再也哉!案《列子》言:秦之西有义渠之国者,其亲戚死,聚柴积而焚之,熏则烟上,谓之登遐,然后成为孝子。《荀子》言:氐羌之民,其虏也不忧其系累,而忧其死不焚也。盖西羌之俗始有火葬,而中土焚尸之事始见于春秋。卫侯之焚褚师定子,然风俗上殊不谓然。田单以掘齐墓烧死人,激怒齐人,而因以破燕。尉佗在粤闻汉掘烧其先人冢,而有反意,皆以焚尸骸之骇人听闻也。有之则以施之于仇人恶人,如汉尹齐为淮阳都尉,所诛甚多,及死,仇家欲烧其尸。东海王越乱晋,石勒剖其棺,焚其尸。杨元感反,隋乃掘其父素冢,焚其骸骨是已。今泰西及日本火葬盛行,而中国杭城火葬之俗犹昔。或者即孔子死欲速朽之义耶！佛重灵魂、轻体魄之说乎！则吾不得而知矣。厚葬之俗，较唐以前尤盛，士大夫罕有斥其非者。如赵概《闻见录》谓晏殊薄葬，而遭剖棺碎骨之惨祸，张耆以厚葬而免，固犹注重厚葬也。

第九节 巫觋

《宋史·李惟清传》：惟清解褐涪陵尉，蜀民尚淫祀，病不疗治，听于巫觋。惟清擒大巫笞之，民以为及祸。他日又加箠焉，民知不神，然后教以医药，稍变风俗焉。《侯可传》：可知巴州化城县，巴俗尚鬼而废医，惟巫言是用。可禁之，几变其俗。《蒋静传》：为安仁令，俗好巫。疫疠流行，病者宁死不服药，静悉论巫罪，聚其所祀淫像三百躯，毁而投诸江。《陈希亮传》：希亮知鄠县，巫觋岁敛民财祭鬼，谓之春斋，否则有火灾。民讹言有绯衣老人行火。希亮禁之，民不敢犯，火亦不作。毁淫祠数百区，勒巫为农者七十余家。《夏竦传》：竦徙寿、安、洪三州，洪俗尚鬼，多巫觋惑民。竦索部中得千余家，敕还农，毁其淫祠以闻，诏江浙以南悉禁绝之。案巫觋缘鬼神以求食者也。鬼神之迷信既深入人心，至于病不服药，惟事祈禳，故巫觋得以施其诳诱之术。徒禁巫觋，本不足以拔除迷信。然巫觋惑人之力不小，禁之亦大有益于风俗。至于医药之不讲求，又为社会尊用巫觋之一原因。盖其心理上以为医药与巫觋均索之冥冥，求人医不如求神医，而医遂见贱矣。

第十节　言语

两样　范成大《晚步西园》诗：一种东风两样心。

破费　苏轼诗：破费八姨三十万，大唐天子要缠头。

讨饭　黄庭坚《跋昭清公》诗：老禅延恩长老法安师，怀道遁世，虽与慧林本法云秀同师，颇以讨饭养千百闲汉为笑也。陈造诗：投荒忍死经人鲊，讨饭充肠上岳阳。

午饭　苏辙《漱玉亭》诗：入瓶洞鼎春茶白，接竹斋厨午饭齐。

煮饭　东坡诗：破铛煮饭茆三间。

留饭　《老学庵笔记》：予见陈鲁公留饭未食。梅尧臣诗：日中将过晡，留饭具粗粝。

半生半熟　《抚掌录》：北都有妓女美色，而举止生硬，人谓之生张八。因寇忠愍乞诗于魏野，野赠之诗云：君为北道生张八，我是西州熟魏三。莫怪尊前无笑语，半生半熟未相谙。

打鱼　打水　打饭　打船　打车　《归田录》：世俗言语之讹，举世君子小人皆同其谬者，惟打字尔。造舟车者曰打船、打车，网鱼者曰打鱼，汲水者曰打水，役夫饷饭曰打饭。

安顿　《乾淳起居注》：天中圣节，驾诣德寿宫进香，并进奉银绢，令幕士安顿寝殿前。杨万里诗：客心未便无安顿。

路费　《客语》：范纯夫谪告省蜀公于许，上以手诏抚问蜀公。又使中使赐纯夫银百两为路费。王禹偁诗：路费无百钱。

草鞋费　范成大《催租行》：床头悭囊大如拳，扑破正有三百钱。不堪与君成一醉，聊复偿君草鞋费。

过了　苏轼《书参寥》诗：寒食清明都过了。

错到底　《老学庵笔记》：宣和末，妇人鞋底尖，以二色合成，名错到底。

可恶　陆游诗：雨来红鹤更可恶，争巢一似婴儿号。

洗面　《宋史·蒲宗孟传》：宗孟尝日有小洗面、大洗面，小濯足、大濯足，小大澡浴之别。

渴睡　《归田录》：胡旦谓吕穆公为渴睡汉。

笑面　《老学庵笔记》：人谓蔡元度为笑面夜叉。

这个　王安石诗：只缘疑这个。葛长庚《徐公懋求进纳疏》：前个后个，只有这个。千时百时，恰恨今时。

担搁了　杨万里诗：秋月春风担搁了，白头始嫁不羞人。

安妥　《宋史·岳飞传》：湖广江浙亦获安妥。

家里　黄庭坚诗：但知家里俱无恙，不用书来细作行。

变相　《图画见闻志》：道经变相。

春忙　黄庭坚《过昆阳诗》：田园恰恰值春忙。

也得　《续湘山野录》：祖宗居潜日，与赵韩王游长安市，陈抟遇之，下驴大笑，挽太祖、太宗曰：可从市饮乎？太宗曰：与赵学究三人并游，可当同之。陈良久曰：也得也得，非渠不得预此席。

优侗　《集韵》：音笼统，未成器也。

龁歆　《杨公笔录》：俗谓大齿为龁，大歠为歆。

欢 弹 子 帆　去声，《齐东野语》：余生长泽国，每闻舟子呼造帆曰欢，以牵船之索曰弹（平声）子，意谓吾谚耳。及观唐乐府有诗云：蒲帆犹未织，争得一般成，而钟会呼捉船索为百丈。赵氏注云：百丈者，牵船篾，内地谓之宣（音弹）。韩昌黎诗云：无因帆江水。而《韵书》：去声内亦有扶帆切，是知方言俗语皆有所本。陆放翁入蜀，闻舟人祠神，方悟杜诗长年三老㩇钱之语，亦此类也。

㗫　《集韵》：步卧切。婆，去声。燕代谓喜言人恶为㗫。

色叫　《麈史》王德用召入两府，有干荐馆职者，王曰：某武人素不阅书，若奉荐则色叫矣。色叫者，谓事理不相当也。

鼾睡　打呼也。宋太祖曰：卧榻之侧，岂容他人鼾睡。

则剧　游乐也。《朱子语类》谓闽广有此语。

黑甜　软饱（《墨客挥犀》：诗人多用方言，里人谓睡美为黑甜，饮酒为软饱，故东坡诗曰：三杯软饱后，一枕黑甜余。

呆　不慧也。范成大诗：千贯卖汝痴，万贯卖汝呆。又曾作《卖痴呆词》。《白獭髓记》石湖戏答同参诗云：我是苏州监本呆。

鹘突　谓人愦愦不晓事也，见《朱子语录》。《宋史·吕端传》作糊涂。《明道杂录》：钱穆内相，决大滞狱，苏长公誉以霹雳手。钱曰：仅免葫芦蹄。《灼艾集》云：葫芦音鹘突。

有甚意　没些巴鼻（《调谑篇》：熙宁初有人自上调，上书迎合宰相意，遂擢御史。苏长公戏之曰：有甚意头求富贵，没些巴鼻作奸邪。有甚意、没些巴鼻，皆俗语也。

铜臭　《释常谈》：将钱买官谓之铜臭。后汉崔烈有重名，灵帝时，入钱五百万，拜司徒，烈名誉遂减。乃问其子钧曰：外人议我以为何如？对曰：人尽嫌大人铜臭。烈怒，举杖击之。

里头空　宋谣也。臻蓬蓬，外头花艳里头空。嘉定亦有外头闪电里头空之谣。吾萍骂人摆空心䯻，摆空心架子，亦此意也。

骨董　《霏雪录》：骨董乃方言，初无定字，东坡尝作骨董羹，用此二字，晦庵先生《语类》亦作汩董。

伟　《弇州山人稿》：宋时上梁文，有儿郎伟，伟者，关中方言们也，其语极俗。

渠　宋陈无己曰：汝岂不知我不著渠家衣耶。

通事　唐帕　周密《癸辛杂识》：译者有寄象狄鞮译之名，见《礼记》。今北方谓之通事，南蕃海舶谓之唐帕，南方蛮猺谓之蒲，又皆译之名也。

程　《梦溪笔谈》庄子云：程生马，尝观文字。注：秦人谓豹曰程予至，延州人至今谓虎豹为程，盖言程也。方言如此，抑亦旧俗也。

硬雨　雹也。宋吕居仁曰：绍兴初，临安大雨雹，太学屋瓦皆碎，学官申朝廷修，不可言雹，称硬雨。

泰山　《释常谈》：丈人谓之泰山。元宗开元十三年封禅于泰山，张说为封禅使，说女婿郑镒，本是九品官，旧例封禅后，自三公以下皆转迁一阶一级，惟郑镒是封禅使女婿，骤迁至五品，兼赐绯服。因大酺次，元宗见镒官位腾跳，怪而问之。镒无词以对，优人黄幡绰奏曰：此乃泰山之力也。因此以丈人为泰山。

媸　《集韵》：弥计切，音谜。吴俗呼母曰媸。

妮　《六书》：故今人呼婢曰妮。

妁　《集韵》：区遇切，音伛。河南谓妇曰妁。

爸　《集韵》：必驾切，音霸。吴人呼父曰爸。按吾江西万载人呼父曰爸爸。

母母　吕祖谦《紫薇杂记》：吕氏母母受婶房婢拜，婶见母母房婢拜，即答。按此弟妻呼兄嫂为母母也，今俗犹然，但母作姆。

大姊姊　宋人呼嫡母为大姊姊，妻之于嫡母亦然。宋高宗母韦后，称徽宗后为大姊姊，见《宋史·后妃传》。

沙家　前清《康熙字典》人部佘字下，古有余无佘，余之转韵为禅遮切，音蛇，姓也。五代宋初，人自称曰沙家，即佘家之近声可证。而赊字从佘，亦可知也。

波　范成大《吴船录》：蜀中称尊者为波祖，及外祖皆曰波。

镣子　《正字通》：宋仁宗游后苑，还宫索浆急，宫嫔曰：大家何不于外宣索而受渴？曰：吾屡顾不见镣子。恐问之，则所司有得罪者。杨慎曰：镣子，厨人之别称。

小底　贱者之称。一说，供役使者。《宋史》有内班小底。又承应小底，见《辽史》。《晋公谈录》：刘承规在太祖庙为黄门小底。

同庚　《墨客挥犀》：文彦博居洛日，年七十八，与和昫、司马旦、席汝言为同庚会，各赋诗一首。《癸辛杂识》：张神鉴瞽而慧，每谈一命，则旁引同庚者数十，皆历历可听。

娘娘　母后也。苏轼《龙川杂志》：仁宗谓刘氏为大娘娘，杨氏为小娘娘。

铳䭰　《字汇补》引郎仁宝说，谓此二字是蜀语。见《黄山谷集》。

朵朵　晏殊词：佳人钗上玉尊前，朵朵秾香堪惜。

筛米　见《指月录》。

散场　见《指月录》。

脚甲　《云笈七签》：甲午日可割脚甲。

丁丁董董　《西湖志馀》：董宋臣、丁大全用事，一日内宴，杂剧一人专打锣，一人朴之曰：今日排当，不奏他乐，丁丁董董不已，何也？曰：方今事皆丁董，吾安得不丁董？按丁董与丁东丁当，皆以状金玉等器相撞相击之声，然宋人此语，含有颠倒意。故吾萍语谓人不瞭亮，及作事无秩序，曰丁董，但丁转为去声。

老嫩　《图画见闻志》：画花竹有四时景候，阴阳向背，笋篠老嫩，苞萼先后，自然艳丽闲野。袁桷《赵昌荷花》诗：迩来冯于号能事，老嫩风晴毫发证。

的当　秦观诗：不因霜叶辞林去，的当山翁未觉秋。

贱货　陈束《诮卖玉器》诗：楚玉非贱货。按吾萍及湖南土俗，骂女为贱货。

错安头　照天烛　《宋史·李先传》：知信州南安军，抚楚州，所至治官如家，人目以俚语，在信为错安头，谓其无貌而有材也；在楚为照天烛，称其明也。

水晶灯笼　《宋史·刘随传》：随临事明锐，敢行，在蜀人号为水晶灯笼。

薄饼从上揭。欧阳公《事文类集·刘龙图事》引谚。忍事敌灾星。吕居仁《官箴》引谚。等人易得久，瞋人易得丑。徐度《却扫篇》引《石林公述》吴中俚语。鸡寒上树，鸭寒下水。陆游《老学庵笔记》引淮南谚。山水险阻，黄金子午。王伯厚《地理通释》引谚。兜不上下颏。《齐东野语》引谚。（谓人喜过甚，即解颐之意。）书三写，鱼成鲁，帝成虎。《芥隐笔记》引谚。常调官好做，家常饭好吃。《独醒杂志》引谚。学书者纸费，学医者人费。苏轼《墨宝堂记》引蜀谚。掘得窖子。（谓江南人作盘游饭，下埋鲊脯脍炙。）《仇池笔记》引里谚。

第二章　辽金元

第一节　概论

《辽史》言契丹部族生生之资，仰给畜牧，绩毛饮湩，以为衣食。各安旧风，狃习劳事，不见纷华异物而迁。故家给人足，戎备整完。《金史》世宗尝谓宰臣曰：朕尝见女真风俗，迄今不忘。今之燕饮音乐皆习汉风，非朕心所好。东宫不知女真风俗，第以朕故犹尚存之，恐异日一变此风，非长久之计。他日与臣下论及古今，又曰：女真旧风虽不知书，然其祭天地，敬亲戚，尊耆老，接宾客，信朋友，礼意款曲，皆出自然。其善与古书所载无异，尔辈不可忘也。又曰：女真旧风，凡酒食会聚，以骑射为乐。今则弈棋双陆，宜悉禁止，令习骑射。《金史·食货志》言金起东海，其俗纯实，可以返古，初入中夏，犹未大变。及其中叶，鄙辽俭朴，袭宋繁缛之文，是以国不永久。《元史·世祖本纪》略谓元起朔漠，专以畜牧为业，观此可以知辽金元风俗之大概矣。

第二节　崇重忠义

元柯鲁图进《宋史表》曰：厥后瀛国归朝，吉王航海，齐亡而访王蠋，乃存秉节之臣，楚灭而论鲁公，堪矜守礼之国。《金史·忠义传序》曰：圣元诏修辽金宋史，史臣议凡例，前代之臣忠于所事者，请书之无讳。朝廷从之。此皆宋世以来尊经儒重节义之效。其时之人心风俗，犹有三代直道之遗，不独元主之贤明也。

第三节　好尚儒雅

元季士大夫好以文墨相尚，每岁必联诗社，四方名士毕集，谳赏穷日夜，其诗胜者辄有厚赠。贯酸斋工诗文，所至士大夫从之若云，得其片言尺牍，如获拱璧。(《元史·小云石海涯传》) 浦江吴氏，结月泉社，聘谢皋羽为考官。春日田园杂兴题，取罗公福为首。(《怀麓堂诗话》) 松江吕璜溪尝走金帛，聘四方能诗之士，请杨铁崖为主考，第其甲乙，厚有赠遗。一时文人毕至，倾动三吴。(《四友斋丛说》) 又顾仲英玉山草堂，杨廉夫、柯九思、倪元镇诸人尝寓其家，流连觞咏，声光映蔽江表。其他以名园别墅书画古玩相尚者，更不一而足。如倪元镇之清闷阁、杨竹西之不碍云山楼，花木竹石，图书彝鼎，擅名江南，后世犹艳称之。独怪有元之世，文学甚轻，当时有九儒十丐之谣。宜乎风雅之事，弃如弁髦，乃缙绅之徒风流相尚如此。盖自南宋以来，遗民故老，相与唱叹于荒江寂寞之滨，流风余韵，久而弗替，遂成风会，固不系乎朝廷之所好也。

第四节　人民之性质

金元取中原后，俱有汉人、南人之目。金则以先取辽地人为汉人，继取宋河南、山东人为南人。元则以先取金地人为汉人，继取南宋人为南人。然当时民族最富于服从性。《金史》所谓燕人最卑贱，金人来则从金，宋人来则从宋，辽人来则从辽。(崔立以汴城降蒙古，其党竟为立碑纪功。见《金史·王若虚传》。) 赵云崧《廿二史札记》所谓元时汉人，皆以蒙古名为荣者是也。呜呼！他不足论，燕人固古称多慷慨悲歌之士者，赡怀渐离，凭吊荆卿，筑声惨烈，剑气悲鸣。山河不殊，人物非故，曾几何时，遂至于此。今之燕人，非所谓首善之区之民族耶。然自庚子一役联军入京以还，悬顺民之旗，献德政之伞，屈意媚外，丑态百出。昔法相哥尔别尔之对鲁易十四曰：国之大小，不以疆域而论，视其国民之品格何如。品格者，金城铁壁，不可破也。今吾燕人之品格如此，能免为外人所轻视乎！

第五节　方言

《辽史·国语解》节略

乡之小者曰弥里，郎君曰沙里，请曰射，有力曰虎斯，一人肩任曰担，两人共舁曰床，讨平曰夺里本，兴旺曰耶鲁碗，慈息曰窝笃碗，辅佑曰何鲁碗，实大曰阿斯，孝曰得失得本，遗留曰监母，马不施鞍辔曰鞡，后土曰穋斡，母曰么，酒尊曰撒刺，金曰女古，玉曰孤稳，以白鹭羽为网曰白甿罽，亦曰白甿大，首曰捏褐耐，正月朔旦曰乃捏咿唲，二月一日曰悜里叼（悜读作狎，叼读颇），上巳日射兔之节名曰陶里桦，重午日曰讨赛咿睍，日辰之好曰赛咿唲奢，重九日曰必里迟离，管率众人之官曰挞马狘沙里，统军马大官曰夷离堇（会同初改为大王），典族属官曰惕隐，参知政事曰夷离毕王，狱官曰迭底官、曰克，掌文翰官曰林牙，诸官府监治长官曰详稳，统军官曰三克（犹云三帅也），诸部下官曰梯里已（后升司徒），县官曰达剌干（后升副使），县官之佐曰麻都不（后升为令），官府之佐史曰敵史，扈从之官曰挞马掌，马官曰飞龙，使诸帐下官曰敵稳，掌礼官曰敌烈麻都，掌诰命奏事官曰知圣旨头子事，诸宫典兵官曰提辖司，工部曰厅房，虞人曰女瓓。阿主，父祖称也。阿点，贵称也。阿庐朵里，贵显名也。夷离的，大臣夫人之称也。暴里，恶人名也。著帐，籍没之户也。

《金史·国语解》节略

官称

都勃极烈，总治官名，犹汉云冢宰。谙版勃极烈，官之尊且贵者。国论勃极烈，尊礼优崇得自由者。胡鲁勃极烈，统领官之称。猛安，千夫长。谋克，百夫长。乌鲁古，牧圉之官。斡里朵，官府治事之所。

人事

孛论出，胚胎之名。阿胡迭，长子。骨赧，季也。蒲阳温，曰幼子。益都，次第之通称。第九，曰乌也。十六，曰女鲁欢。散亦孛，奇男子。撒答，老人。什古乃，瘠人。保活里，侏儒。阿里孙，貌不扬也。答不也，耘田者。阿土古，善采捕者。阿合，人奴也。兀术，头。粘罕，心。盘里合，将指。谩都诃，痴骇。谋良虎，无赖之名。赛里，安乐。迪古乃，来也。凡事之知者，曰后伦。习矢，犹人云常川也。

物象

兀典，明星。阿邻，山。釜，曰阉母。刃，曰斜烈。金，曰桜春。布囊，曰蒲卢浑。盆，曰阿里虎。罐，曰活女。乌烈，草廪也。沙剌，衣襟也。活腊胡，色之赤者也。

物类

桓端，松。孰辇，莲。活离罕，羔。讹古乃，犬之有文者。斜哥，貂鼠。蒲阿，山鸡。窝谋罕，鸟卵也。

姓氏

完颜，汉姓曰王。纥石烈，曰高。徒单，曰杜。兀颜，曰朱。蒲察，曰李。颜盏，曰张。

温迪罕，曰温。石抹，曰萧。奥屯，曰曹。移剌，曰刘。斡勒，曰石。斡准，曰赵。阿里侃，曰何。抹颜，曰孟。术虎，曰董。

《元史·八师巴传》

八师巴时，有国师胆巴者，其后又有必兰纳识里。及必兰纳识里之诛，有司籍之，得其人畜土田金银货贝钱币，以及妇人七宝装具，价值巨万万。若岁时祝釐祷祠之常，号目尤不一，有曰镇雷阿蓝纳四，华言庆赞也。有曰亦思满蓝，华言药师坛也。有曰搠思串卜，华言护城也。有曰朵儿禅，华言大施食也。有曰朵儿只列朵四，华言美妙金刚回遮施食也。有曰察儿哥朵四，华言回遮也。有曰笼歌儿，华言风轮也。有曰喀朵四，华言作施食也。有曰出朵儿，华言出水济六道也。有曰党剌朵四，华言回遮施食也。有曰典朵儿，华言常川施食也。有曰坐静，有曰鲁朝，华言狮子吼道场也。有曰黑牙蛮答哥，华言黑狱帝主也。有曰搠思江朵儿麻，华言护江神施食也。有曰赤思古林撇，华言自受主戒也。有曰镇雷坐静，有曰吃剌察坐静，华言秘密坐静也。有曰斟惹，华言文殊菩萨也。有曰古林朵四，华言至尊大黑神回遮施食也。有曰歇白咱剌，华言大喜乐也。有曰必思禅，华言无量寿也。有曰睹思哥儿，华言白伞盖咒也。有曰收札沙剌，华言《五护陀罗尼经》也。有曰阿昔答撒答昔里，华言《八十颂般若经》也。有曰撒思纳屯，华言《大理天神咒》也。有曰阔儿鲁弗卜屯，华言《大输金刚咒》也。有曰且八迷屯，华言《无量寿经》也。有曰亦思罗八，华言《最胜王经》也。有曰撒思纳屯，华言《护神咒》也。有曰南占屯，华言《怀相金刚》也。有曰卜鲁八，华言咒法也。

忒杀　谓太甚也。《元人传奇》：忒风流，忒杀思。按白乐天：半开花时西日凭，轻照东风莫杀吹。自注：杀沙去声，音厦，亦作煞。明杨升庵谓京师语大曰杀大，高曰杀高，即今吾乡曰杀能大、杀能高也。今嘉定俗谓太甚曰忒杀。杀音沙，去声。吾江西及湖南谓太甚曰忒如，太远曰忒远，太紧曰忒紧，太迟曰忒迟，太长曰忒长之类，是也。

笼袖骄民　《玉堂漫笔》：尝见阎闳尚有宪副云笼袖骄民，为我文皇帝白沟之役时事。欧阳圭《齐南词》中已有此语，想是元时方言，不知是何等也。

跳槽　《元人传奇》谓魏明帝为跳槽。按明帝纳虞氏为妃，及毛氏有宠而黜虞氏，其后宠郭夫人，而毛氏亦爱弛，故云跳槽也。今娼家以嫖客他往为跳槽，实本于此。

第三章 明

第一节 概论

顾亭林《郡国利病》引《歙县志·风土论》曰：国家厚泽深仁，重熙累洽，盖綦隆矣。于时家给人足，居则有室，佃则有田，薪则有山，艺则有圃。催科不扰，盗贼不生。婚媾依时，闾阎安堵。妇人纺绩，男子桑蓬，臧获服劳，比邻敦睦。诚哉一时之三代也。岂特宋太平、唐贞观、汉文景哉！诈伪未萌，讦争未起，纷华未染，靡汰未臻，则正冬至以后春分以前之时也。驯至正德（武宗）、嘉靖（世宗）初，则稍异矣。土田不重，操赀交接，起落不常。能者方成，拙者乃毁，东家已富，西家已贫，高下失均，锱铢共竞，互相凌夺，各自张皇。于是诈伪萌，讦争起，纷华染，靡汰臻。此正春分以后夏至以前之时也。迨至嘉靖末隆庆（穆宗）间，则尤异矣。末富居多，本富益少。富者愈富，贫者愈贫。起者独雄，落者辟易。资爱有属，产自无恒。贸易纷纭，诛求刻核。奸豪变乱，巨猾侵侔。于是诈伪有鬼蜮，讦争有干戈，纷华有波流，靡汰有邱鏊。此正夏至以后秋分以前之时也。迄今三十余年，则复异矣。富者百人而一，贫者十人而九。江河日下，不堪设想。此正秋分以后冬至以前之时也。按此亦足见明代风俗之一斑矣。

第二节　仕宦骄横

鄢懋卿恃严嵩之势，总理两淮、河东盐政，其按部常与妻偕行，制五彩舆，令十二女子昇之。（见《严嵩传》）张居正奉旨归葬，藩臬以上皆跪迎，巡方御史为之前驱。真定守钱普，创为坐舆，前轩后室，旁有两庑，各立童子给使令，凡用昇夫三十二人。所过牙盘上食，味逾百品，犹以为无下箸处。普，无锡人，能为吴馔，居正甘之，曰：吾至此始得一饱。于是吴人之能庖者召募殆尽。（《居正传》）夫以居正之贤，尚且如此。则汪直、严嵩、魏阉之骄横，更无足异矣。呜呼！明代官方之坏一至此哉！

第三节　才士傲诞

《明史·文苑传》：吴中自祝允明、唐寅辈才情轻艳，倾动流辈，放诞不羁，每出名教外。今按诸书所载寅慕华鸿山学士家婢，诡身为仆，得娶之后事露，学士反具资奁，缔为姻好。(《朝野异闻录》)文徵明书画冠一时，周徽诸王争以重宝为赠。(《玉堂丛话》)宁王宸濠慕寅及徵明，厚币延致，徵明不赴，寅佯狂脱归。(《明史·文苑传》)又桑悦为训导，学使者召之，吏屡促，悦怒曰：天下乃有无耳者！期以三日始见，仅长揖而已。王廷陈知裕州，有分巡过其地，稍凌挫之。廷陈怒，即遣散士卒，不得祗应，分巡者窘而去。于是监司相戒勿入裕州。康德涵六十生日，召名妓百人为百年会，各书小令付之，使送诸王府，皆厚获。谢榛为赵穆王所礼，王命贾姬独奏琵琶，歌其所作《竹枝词》。歌罢，即饰姬送于榛。大河南北无不称谢榛先生者。(俱见《禅史汇编》)此等恃才傲物，跅弛不羁，宜足以取祸。乃声光所及，到处逢迎，不特达官贵人倾接恐后，即诸王亦以得交为幸，若惟恐失之，可见明中叶世运升平，物力丰裕，故文人学士得以跌荡于词场酒海间，亦一时盛事也。

第四节　势豪虐民

前明一代风气，不特地方有司私派横征，民不堪命。而搢绅居乡者亦多倚势恃强，视细民为鱼肉，上下相护，民无所控诉也。《杨士奇传》：士奇子稷居乡，尝侵暴杀人，言官交劾，朝廷不加法，以其章示士奇。又有人发稷横虐数十事，乃下之理。士奇以老病在告，天子不忍伤其意，降诏慰勉，士奇感泣遂不起。是时士奇方为首相，而其子至为言官所劾，平民所控，则其肆虐已极可知也。《梁储传》：储子次摅为锦衣百户，居家与富人杨端争民田。端杀田主，次摅遂灭端家一百余人。武宗以储故，仅发边卫立功。《朝野异闻录》又载次摅最好束人臂股或阴茎使急迫，而以针刺之，血缕高数尺，则大叫称快。此尤可见其恣虐之大概矣。《焦芳传》：芳治第宏丽，治作劳数郡，是数郡之民皆为所役。《姬文允传》：文允宰滕县，白莲贼反，民皆从乱。文允问故，咸曰祸由董二。董二者，故延绥巡抚董国光子，居乡暴横，民不聊生，故被虐者至甘心从贼。则其肆毒更可知也。《琅琊漫钞》载松江钱尚书治第，多役乡人，砖甓亦取给于役者。有老佣后至，钱责之。对曰：某担自黄瀚坟，路远故迟耳。钱益怒，答曰：黄家坟亦吾所筑，其砖亦取自旧冢，勿怪也。此又势家役民故事也。其后昆山顾秉谦附魏忠贤得入阁，忠贤败，秉谦家居，昆民焚掠其家，秉谦窜渔舟以遁。（《秉谦传》）时秉谦已失势，其受侮或不足为异。至于宜兴周延儒方为相，陈于泰方为翰林，二家子弟暴邑中，宜兴民至发延儒祖墓，又焚于泰、于鼎墓。（《祁彪佳传》）王应熊方为相，其弟应熙横于乡，乡人诣阙击登闻鼓，列状至四百八十余条，赃一百七十余万。其肆毒积怨于民可知矣。温体仁当国，唐世济为都御史，皆乌程人。其乡人盗太湖者以两家为奥主，兵备冯元飙捕得其魁，则世济族子也。（《元飙传》）是缙绅之族且庇盗矣。又有投献田产之例，有田产者，为奸民窃而献诸势要，则悉为势家所有。天顺中曾翚为山东布政使，民垦田无赋者，奸民指为闲田献诸戚畹,羣断还民。(见《李棠传》。)河南濒黄河,淤地民就垦,奸民指为周王府屯场,献王邀赏,王辄据而有之。原杰请罪献者,并罪受者。(《原杰传》)《戒庵漫笔》:嘉定青浦间,有周星卿者素豪侠。一寡妇薄有资产,子方幼,其侄阴献其产于势家。势家方坐楼船鼓吹至阅庄,星卿不平,纠强有力者突至索斗,乃惧而去,诉于官。会新令韩某,颇以扶抑为己任,遂直其事。此亦可见当时献产恶习。此一家因周星卿及韩令得直,其他小民被豪占而不得直者,正不知凡几矣。

第五节　官民交通

部民乞留者,如周舟、胡梦通、郭伯高、李思进、高彬、刘郁、纪惟正之坐事当逮,而民诣阙言多善政。余彦诚、郑敏等十人之坐事下狱,而耆民列政绩以闻。(见《循吏传》。)况钟之丁忧,陈本深之满秩,而民乞留,皆获允许。后郭琎为吏部尚书,虑其中有妄者请核实,从之。自是遂为例。(见各本传)宣宗因刘迪、王聚之邀吏民保留,自后部民乞留者,率下所司核实。盖久则弊生,部民不尽可信,而为刘迪、王聚者正多也。且唐时已有驱迫人吏上言政绩,请刊石纪德者。三代之直道不存,往往以一二媚官者私人之感情,而为乞留颂德之举。重以贪官污吏,复从而贿嘱之,私托之,遂使民不能见信于上,而民情不得上达。循良之绩亦多壅于上闻,致可慨已!

第六节　奸豪胥役与词讼

彰德府安阳县军校杂民而居，易犯法，逮之辄匿，颇称难治。武安、涉皆并山作邑，民性健武喜讼。苏州风俗倾险狡悍，往往上官欲察州里之豪，不能不假耳目。而好人常为之窟，欲中害人者，阴行贿赂，置怨家其中，罗织罪状，暗投陷阱。及对簿，上之人虽心知其冤，终不得释。其人扬扬然谓执一县生死之柄，上至长吏，犹或阴持短长，伺间肆螫，名曰访行。市井恶少，恃勇力辩口，什伍为群，欲侵暴人者，辄阴赂之，令于怨家所在，阳相触忤，因群殴之，则又诬列不根之辞，以其党为证佐，非出金帛谢之，不得以解，名曰打行。告讦成风，一家有事，里中即成党，连数十人为一党，连数十事为一词，非必真负冤抑，特为鱼肉之以为利耳，名曰连名投呈。睚眦之憾，或先有借贷邂逅，一家之内有死者，辄以告官禁丧，不服则求检验，检验则无不破家矣。其所谓人命，无真假，只在原告不肯罢。江东之人与灶户杂居，黠者欲侵愚弱，辄以灶籍讼之运司。运司悬隔数百里，一经勾摄，亲友哭别，如赴市曹。既至，私幽之假处，进无对簿之期，退乏饔飧之资，动延岁月，多缧绁以死者。漕折以来，田价倍增，故民间讼事多起于赎田。既经明禁，又不得言田事，则扩为游词，无一语及田，而良民不习置对，不能与辨，或有妻子抆泪而还契券者。若其人能自置于官，则诬告者往往抵罪，盖亦有两家俱破者。浙江永康县健讼之风尤甚，民间稍失意则讼，讼必求胜，不胜必翻。讼之所争甚微，而枝蔓相牵，为讼者累十数事不止。每越诉会城，人持数词，于巡院则曰豪强，于盐院则曰兴贩，于戎院则曰理侵，于藩司则曰侵欺，于臬司则曰人命强盗，于水道通则曰淤塞，随所在编投之。惟觊准理，即设虚坐诬不恤，而被讼者且破家矣。又如民之阴鸷而黠者，上不能通经学，下不能安田亩，以其聪明试于刀笔，捏轻为重，饰无为有，一被笼络，牢不可出。凡健讼者为害，皆此辈尸之也。人有指斥其恶者，即以他词中之。即有司且有拘制上下，莫之谁何者矣，是曰起灭。城中揭保户与讼家为地邻，每偏相佐佑，至为陈禀以乱是非。或伺而遮之，俾其情不得上达。稍与抗则结众殴辱之，使负屈而去。故人家有事，必重贿揭保之桀黠者以为羽翼。盖未至于庭，而所费固已不赀，贫弱每因此受重困，是曰扛帮。九江之讼至无情者惟盗与杀。讼杀者必令其负尸而验之，市人及邑门，郊人及郭门，验弗逾日弗委任，验伤与陈牒合，则理之。虚而不合，则存其词而籍之，以证再讼。令之职也，其讼盗也。本窃而词以劫者，未窃而词以劫者，舍盗而指其仇者，与盗通而诬人以货者，捕之与盗市者，捕之噬人者，告盗而与盗解而自息者，公举盗而以为私者，保往盗而以为私者，不可枚举。（《郡国利病》）李维桢参政《游朴大政纪略》曰：沔阳州士大夫散处四境，视州城如寄，其始舆台伍伯之属，至微细耳。交关曹掾为奸利，羽翼成而胆势益壮，小民有讼，贿豪为居间。其有拳勇者任受刑，桀黠者任对簿，无不捷矣。所得贿赂日益富，则使其徒为州胥吏。已为郡胥吏，又以其赂通监司若两台之为胥吏者。两台耳目寄六十五郡司理，又以其赂通六十五郡司理，侦事有朋，随地构会。阴操州长吏幕短长，所不便予下考，千里之外，其应如响。即士大夫惴惴惧不免，而不肖者欲有所甘心，或阴回之。于是视士大夫州长吏蔑如，即郡若监司、若两台且玩弄股掌之上，长吏至目与为宾主礼，仰其鼻息，舞文犯科，不可穷诘。岁加州赋数千金以实其橐，若固有之。夫纪纲风俗之敝坏，莫甚于楚，楚尤莫甚于我郡。自江陵败，大臣往往为系累，堂廉冠履，陵夷殆尽。士大夫垂首结舌，吏无所忌惮，城狐社鼠又从而为之釜鬵。情日壅塞，权日旁落，威日假借，而横民出焉。其种有六：曰土豪，曰市猾，曰讼师，曰访窝，曰主文，曰偷长。梗枝窟火，常相通为用。如荆门豪，兼六者而有之。其党以千计，其众以万计。功繁拜请，妖讹汹沸，远则楚之六十五郡，近则辇毂；力折权行，岂一朝一夕之故哉！

第七节　结社

社之名起于古之国社、里社，故古人以乡为社。《大戴礼》：千乘之国，受命于天子，通其四乡，教其书社；《管子》：方六里名之曰社。今河南、太原、青州乡镇犹以社为称，是也。(《左传》昭二十五年：齐侯唁鲁昭公曰：自莒疆以西，请置千社。注：二十五家为社，千社二万五千家。哀公十五年：齐与卫地书社五百。《晏子》：景公与鲁君地山阴数百社。《吕氏春秋》：越王请以书社三百封墨子。）又古者春秋祭社，一乡之人无不会聚。《三国志》：蒋济为太尉，尝与桓范会社下。是也。《汉书·五行志》：兖州刺史浩赏禁民私所自立社。臣瓒曰：旧制二十五家为社，而民或十家五家为田社，是私社。《隋书·礼仪志》：百姓二十五家为一社，其旧社及人稀者不限。然后人聚徒结会亦谓之社。万历之末，士人相会课文，各立名号，亦曰某社某社。崇祯中陆文升奏讦张溥等复社，至奉旨察勘，在事之官多被降罚。考《宋史·薛颜传》，耀州豪姓李甲结数十人，号没命社。《曾巩传》：章邱民聚党村落间，号霸王社。《石公弼传》：扬州群不逞为侠于闾里，号亡命社。而隋末谯郡贼有黑社、白社之名。元泰定帝亦禁民结扁担社。想明时士人必别有取义也。天启以后，士子书刺往来，社字犹以为泛，必曰盟，曰社盟，其《辽史》之所谓刺血友乎！

第八节　风节

明自中叶以后，士大夫峻门户而重意气，其贤者敦厉名节，居官有所执争，即清议翕然归之。然建言者分曹为朋，率视阁臣为进退，依附取宠，则与之比。反是则争，比者不容于清议。而争则名高，于是一时端揆之地，遂为抨击之丛。故当时不患其不言，患其言之冗漫无当，与其心之不能无私，言愈多而国是愈淆也。但其中公是非自在，亦不可尽委之沽直好事耳。至若海瑞、邱橓、吕坤、郭正域、卢洪春、马经纶、赵南星、邹元标、孙慎行、高攀龙、冯从吾、杨涟、左光斗、魏大中、周朝瑞、袁化中、顾大章、王之寀等，守正不阿，直言不讳，其风节之愈峻者，其受祸愈烈，与东汉季年若出一辙。明社之屋基于此矣。

第九节　朋党

　　成弘以上，学术纯而士习正，其时讲学未盛也。正嘉之际，王守仁聚徒于军旅之中，徐阶讲学于端揆之日，流风所被，倾动朝野。于是搢绅之士，遗佚之老，联讲会，立书院，相望于远近。而名高速谤，气盛招尤，物议横生，党祸继作。乃至众射之的，咸指东林，甘陵之部，洛蜀之争，不烈于是矣。顾宪成、顾允成、钱一本、于孔兼、史孟麟、薛敷教、安希范、刘元珍、叶茂才诸人，清节姱脩，为士林标准。虽未尝激扬标榜，列君、宗、顾、俊之目，而负物望者引以为重，猎时誉者资以梯名，附丽游扬，亦不免薰莸猥杂焉。魏允中、王国、余懋衡皆以卓荦宏伟之概，为众望所归。李三才英迈豪俊，倾动士大夫。皆负重名。当时党论之盛，数人者实为之魁。而李植、江东之、汤兆京、金士衡、王元翰、孙振基、丁元荐、李朴、夏嘉遇等，尤风节自许，矫首抗衡，意气横厉，抵排群枉。大要君子小人日相水火，而搢绅之祸，遂烈于前古矣。

《明史·阉党列传》总序曰：明代阉宦之祸酷矣，然非诸党人附丽之，羽翼之，张其势而助之攻，虐焰不若是之烈也。中叶以前，士大夫知重名节，虽以王振、汪直之横，党与未盛。至刘瑾窃权，焦芳以阁臣首与之比，于是列卿争先献媚，而司礼之权居内阁上。迨神宗末年，讹言朋兴，群相敌仇，门户之争，固结而不可解。凶竖乘其沸溃，盗弄太阿，黜桀渠恔，窜身妇寺，淫刑痛毒，快其恶直丑正之私。衣冠填于狴犴，善类殒于刀锯，迄乎恶贯满盈，亟伸宪典，刑书所丽，迹秽简编。而遗孽余烬，终以覆国。庄烈帝之定逆案也，以其事付太学士韩爌等曰：忠贤不过一人耳，外廷诸臣附之，遂至于此。其罪何可胜诛。痛乎哉！患得患失之鄙夫，其流毒诚无所穷极也。然则搢绅之受祸，又未尝不因一二士大夫之自陨气节，始而假借小人，继而为小人所用，终而比附小人，以致正气扫地，大丧国家之元神也。

第十节　忠义

从古忠臣义士为国捐生，节炳一时，名垂百世。历代以来，备极表章，尚已。明太祖创业江左，首褒余阙、福寿以作忠义之气。至从龙将士，或功未就而身亡，若豫章康郎山两庙及鸡笼山功臣庙，所祀诸人爵赠公侯，血食俎豆，侑享太庙，恤录子孙。所以褒厉精忠，激扬义烈，意至远也。建文之变，群臣不惮膏鼎镬，赤姻族，以抗成祖之威棱。虽《表忠》一录，出自传疑，亦足以知人心天性之不泯矣。仁宣以降，重熙累洽，垂二百余载。中间如交阯之征，土木之变，宸濠之叛，以暨神、熹两朝边陲多故，湛身殉难者未易更仆数。而司勋褒恤之典，悉从优厚，或所司失奏，后人得自陈请。故节烈之绩，咸得显暴于时。迨庄烈之朝，运丁阳九，时则内外诸臣或殒首封疆，或致命阙下，蹈死如归者尤众。（《明史·忠义传》序）

第十一节　衣服

顾氏炎武《日知录》：《汉书·五行志》曰：风俗狂慢，变节易度，则为剽轻奇怪之服，故有服妖。余所见五六十年，服饰之改变，亦已多矣，故录其所闻，以示后人焉。《豫章漫钞》曰：今人所戴小帽，以六瓣合缝，下缀以檐，如筒。阎宪副闳谓予言：亦太祖所制，若曰六合一统云尔。杨维桢廉夫以方巾见，太祖问其制。对曰：四方平定巾。上喜，令士人皆得戴之。商文毅用自编岷，亦以此巾见。《太康县志》曰：国初时，衣衫褶前七后八。宏治间上长下短，褶多。正德初，上短，下长三分之一，士夫多中停。冠则平顶，高尺余，士夫不减八九寸。嘉靖初服上长下短，似宏治时。市井少年帽尖长，俗云边鼓帽。宏治间妇女衣衫仅掩裙腰，富者用罗缎纱绢织金彩，通袖裙，用金彩膝襕，髻高寸余。正德间衣衫渐大，裙褶渐多，衫惟用金彩补子，髻渐高。嘉靖初衣衫大，至膝，裙短褶少，髻高如官帽，皆铁丝胎，高六七寸，口周回尺二三寸余。《内邱县志》曰：万历初童子发长，犹总角，年二十余始戴网。天启间则十五六便戴网，不使有总角之仪矣。万历初庶民穿朥鞍，儒生穿双脸鞋。非乡先生首戴忠靖冠者不得穿边云头履。（原注：俗云朝鞋。）至今日而门快舆皂，无非云履；医卜星相，莫不方巾。又有晋巾、唐巾、乐天巾、东坡巾者。先年妇人非受封不敢戴梁冠，披红袍，系拖带，今富者皆服之。又或着百花袍，不知创自何人。万历间辽东兴冶服，五彩炫烂，不三十年而遭屠戮。兹花袍几二十年矣。服之不衷，身之灾也。兵荒之咎，其能免欤？

《太祖实录》：洪武二十六年，禁官民步卒人等服对襟衣，惟骑马许服，以便于乘马故也。其不应服而服者罪之。明末之罩甲，即对襟衣也。《戒庵漫笔》云：罩甲之制，比甲稍长，比袄减短，正德间创自武宗，明末士大夫有服者。按《说文》：无袂衣谓之䙀。赵宧光曰：半臂衣也，武士谓之蔽甲，方俗谓之披袄，小者曰背子，即此制也。《魏志·杨阜传》：阜尝见明帝著帽披缥绫半袖，问帝曰：此于礼何法服也？则当时已有此制。

第十二节　丧葬

苏州丧葬之家置酒留客，若有嘉宾。丧车之前，彩亭绣帐，炫耀道途，聊夸市童，不顾雅道。河南磁州之武安、涉两邑，人死则举尸瘗室中，笃修佛事。临淄自古为都会，承富庶之风，陵冢隆阜，葬埋皆奢，然卒致后来发掘之祸。如晋曹嶷为青州刺史，发齐桓公及管仲墓，尸并不朽，缯帛万匹，珍宝巨万。内有二尊，形如牛象，皆古之遗器是也。谚传临淄多古物，盖本于此，大概铜器仅有存者。火葬之俗，自宋时已盛行于江南，至明而移于浙江。顾氏亭林痛诋其俗，黄汝成氏亦谓非仁人孝子之存心。

夺情之典不始于李贤，然自罗伦疏传诵天下，而朝臣不敢以起复为故事。（见《明史》罗伦等传赞）顾亭林云：三代圣王教化之事，其仅存于今日者，惟服制而已。丧乱以来，浸以废坠。窃谓父母之丧，自非兵革不得起复，然则明之起复，多有不以兵革者矣。起复者，丧制未终，勉其任用，所谓夺情起复者也。如欧阳公《晏殊神道碑》：明年迁著作佐郎，丁父忧去官。已而真宗思之，即其家起复为淮南发运使。及史嵩之丧父，经营起复，是也。今人不考，例以服阕为起复，误矣。

第十三节 淫祀与巫觋

《天下郡国利病书》曰：山西忻州郡境，村落约三百许，皆有梵寺数楹，最小者亦斗室供奉香火。贫民为僧，佣作者挈妻傍居。流倡僦居僧舍，与僧谐狎，藉资衣食焉。河南磁州之武安、涉两邑，皆尚鬼，赛祷淫祀，有病惟事祈禳。湘楚之俗尚鬼，自古为然。少皞之衰，九黎乱德，民神杂糅。湘楚为三苗旧日根据之地，其尚鬼固自无怪。然其淫祀日多，有最可笑者，衡州人赛盘古，病及仇怨，重皆祷祀，今误作盘鼓。赛之日，巫者以木为鼓，圆径斗一握，中小而两头大，如今之杖鼓。四尺者谓之长鼓，二尺者谓之短鼓。巫有绠帛，长二三丈，画自盘古而下三皇及诸神，靡所不有。是日以帛三皇五帝，尽悬之长竿，鸣锣击鼓吹角，巫一人以长鼓绕身而舞，两人复以短鼓相向而舞。昔所许若干会，为所舞之节，随口而唱，无复本据。仇怨重者，夜至野池灭灯烛，谓之盘黑鼓。每鼓罢一会，则恣口饮食，极其村野。乡俗合二三十家，共祀一大王神。其神或以其山，或以其陂泽，或以其地所产之物而得名，辄加以圣贤帝王公相之号。如愚家溪田所祀云：平生相公大王祠下。城外敝居所祀云：南平水东三圣公王祠下。其他如高山榻甫大王祠。询之云：其山多产椒土硃，大王祠其地产红土。其他不能枚举。愚忆惟天抚世曰王，主宰天下曰帝，大而化之曰圣,复而执焉曰贤,首五爵以无私为德曰公,长六卿辅其君曰相。今乃妄乱称呼,甚至加之土地所产之物,其为讹妄不经,莫此为甚。又其俗事女神,每家画一轴神,分班而坐,多不可数。中标题云:家居侍奉李家天子三楼圣贤神仙。两旁题云:三千美女,八百妓娥。岁晚用巫者鸣锣击鼓,男作女妆,始则两人执手而舞,终则数人牵手而舞,从中翻身轮作筋斗。或以一人仰卧,众人筋斗从腹而过,亦随口唱歌。黎明时起,竟日通宵而散。夫女子本以柔弱之质,死而为神,如节妇烈女,庸或有之,他不尽然也。今云李家天子三楼圣贤,何所据哉!可一笑也。又如师巫盗窃庙中神像首,以为魇魅,收阴兵以作下坛,书符篆以为庙中青筒,鄙俗怪诞,不可尽书。又青山侍郎行祠,其所祀无所考。或云为南岳六部之一,故云侍郎行祠。愚意侍郎之名起于近古,周之六典建官,《周礼》有六部之名。岳山与天地相为终始,明朝正其号,曰衡山之神,又焉有部,则自六典未建有部侍郎之名,未起时又以何官为属,此皆讹谬不通。且以为土神而误袭侍郎之号,则衡阳境内原无青山之高大可以表识也。嘉靖辛卯,例毁淫祠,地方妄为援引,以惑当国有司,此祠遂幸免云。山西《平定州志》云:祠庙自祀典神祇外,古帝王如太皞、女娲非民间所得祀,东岳非本境所宜祀。关真君祠不时增建,多至二三十处。与其余不在祀典者,皆渎祀也。如妒女祠、黑水祠、崔府君祠,妖妄不经,皆淫祠也。春秋祈报,以社以方,载于《风》、《雅》。太祖高皇帝许民间每里一坛,令祭五祀五谷之神,以里长主祭。祭毕饮酒,其中为乡饮式,载在会典,今民间俱不行,而但取小大王龙王等神赛祷。杂奏妓乐,士女纵观,甚为不雅。

司风教者，宜考古正今，尊制厚俗，庶使民不惑于匪类，骎骎然兴于礼教云。《孟县志》曰：若地之人，不问贤愚，祠堂之礼，废而不讲，特惑于祸福感应，辄自立寺，饰偶标木。噫！是谓不知类者也。《松江府志》曰：松俗颇尚淫祀，信师巫。城市乡镇，迎神祈赛，盛饰彩亭仪仗，沿门抑派，因而射利。男女骈集，远近若狂，舟车饮食，又糜费亡算，至有为神娶妇之事，春月演戏酬神之事。崇祯时，郡守岳贡正首事者以法，并禁演戏，此风始息焉。《上杭县志》曰：汀俗夙称尚鬼，而杭邑巫觋装魔设醮，建坛郊外，金鼓达旦，名为做大翻。如是者三日夜，男女喧阗，群趋坛所，妇之不孕者惑其说，解衵服付巫者，名为斩煞，以煞去而身可孕也。知县蒋廷铨就坛所擒其为首者数人，痛惩之，其风始息。呜呼！今之淫祀巫觋遍于天下，然禁之者几人哉！

第十四节 奴婢

明时士大夫之仆，率以色而升，以妻而宠。若严分宜之仆永年，号曰鹤坡。张江陵之仆游守礼，号曰楚滨。不但招权纳贿，而朝中多赠之诗文，俨然与搢绅为宾主，名号之轻，文章之辱，至斯而甚。厥后媚阉建祠，即此为之嚆矢焉。顾亭林曰：人奴之多，吴中为甚。仕宦之家，有至一二千人者。其专恣横暴，亦惟吴中为甚。有王者起，当悉免为良民，而徙之以实远方空虚之地。士大夫家所用仆役，并令出赀雇募，如江北之例，则横豪一清，而四乡之民得以安枕，其为士大夫者，亦不受制于人。可以勉而为善，讼简风纯，其必自此始矣。

第十五节　赌博

万历之末，太平无事，士大夫无所用心，间有相从赌博者。至天启中始行马吊之戏。而明末之朝士，若江南、山东，几于无人不为。诚有如韦昭论所云：穷日尽明，继以脂烛，人事旷而不修，宾旅阙而不接者。吁！可异也。《金史·刑志》大定八年制：品官犯赌博法杖。曰杖者，所以罚小人也。既为职官，而无廉耻，故以小人之罚罚之。《明律》：犯赌博者，皆文官革职为民；武官革职，随舍余食粮差操。亦此意也。但百人之中未有一人坐罚者，上下相容，而法不行故也。《唐书》：杨国忠以善樗蒲得入供奉，常后出，专主蒱薄计算钩画，分铢不误。帝悦曰：度支郎才也。卒用之而败。元宗末年荒佚，遂以小人而乘君子之器，此亦国家之妖孽也。唐宋璟为殿中侍御史，同列有博于台中者，将责名品而黜之，博者惶恐自匿，后为开元贤相。而史言唐文宗切于求理，每至刺史面辞，必殷勤戒敕曰：无嗜博，无饮酒。内外闻之，无不悚息。然则勤吏事而纠风愆，乃救时之首务矣。明之士大夫不慕宋璟而学杨国忠，其官方之坏极矣。《山堂考索》：宋大中祥符五年二月丁酉，上封者言，进士萧玄之本名琉，尝因赌博抵杖刑，今易名赴举登第。诏有司召玄之诘问，引伏，夺其敕，赎铜四十斤，遣之。宋制之严如此。明之进士竟有以不工赌博为耻者。《辽史》：穆宗应历十九年正月甲午，与群臣为叶格戏。解曰：宋钱僖公家有叶子揭格之戏。而其年二月乙巳，即为小哥等所弑。君臣为谑，其祸乃不旋踵，此不祥之物，而士大夫终日执之，其能免于效尤之咎乎！《宋史·太宗纪》淳化二年闰月己丑诏：犯蒱博者斩。《元史·世祖纪》：至元十二年，禁民间赌博，犯者流之北地。刑乱国用重典，固当如此。按《宋书·王景文传》：为右卫将军，坐与奉朝请毛法因蒲戏，得钱百二十万，白衣领职。《刘康祖传》：为员外郎十年，再坐樗蒲戏免。《南史·王盾传》：为司徒左长史，坐招聚博徒免官。晋陶侃勤于吏职，终日敛膝危坐，阃外多事，千绪万端，罔有遗漏。诸参佐或以谈戏废事者，命取其酒器蒲博之具，悉投于江。将吏则加鞭朴，卒成中兴之业，为晋名臣。夫以六朝尚清谈诙谐之时代，赌博之事，几为社会上人人必须之知识技能，而犹或引为官箴之玷。近今士大夫朝夕不离麻雀，公事废弛，不但无人议其非，而且以此为应酬官僚，交结权势，弋取虚誉，营谋差使之专门学问焉，亦可耻也。

第十六节　拳搏

拳搏之字见于《诗》与《春秋》（《诗》：无拳无勇。《春秋》僖二十八年传：晋侯梦与楚子搏），而其术滥觞于蚩尤之以角抵人。秦汉之时乃有角抵之戏。应劭《汉书·武帝本纪》注：角者，角技也。抵者，相抵触也。文颖曰：两两相当，角力角技艺射御也。而汉魏时人谓手搏亦曰弁，或谓之卞，或谓之扌卞。（《汉书·哀帝纪赞》时览卞射武戏注：苏林曰：手搏为卞，角力为武，戏也。左思《吴都赋》扌卞射壶博注：孟康曰：扌卞手搏。《汉书·甘延寿传》试弁为期门，以材力爱幸注：孟康曰：弁，手搏也。）唐时犹谓之角抵。（振武军节度王卞，常于晏后命角抵，有一人自邻州来较力。见《玉堂闲话》。）宋以来始谓之拳术。盖拳术之流行，自宋以来始盛。宋太祖、少林僧、张三峰，皆以拳术著名者也。明洪武初，欧千斤以善搏授太仓卫百户。（《太仓州志》）后边澄、张松溪亦以拳术显。《宁波府志》曰：边澄闻少林寺僧以搏名天下，托身居炊下者三年，遂妙悟搏法。正德（武宗）间倭人来贡，有善枪者，闻澄名求一角，太守张津许之，召至遂胜，倒十余辈。澄又曾应募至京宇演武场，以梃胜北兵双刀。张松溪善搏，师法十三老法，其法自言起于宋之张三峰。三峰为武当丹士，徽宗召之，道梗不前。夜梦元帝授之拳法，厥明以单丁杀贼百余，遂以绝技名于世。由三峰而后，至嘉靖（世宗）时，其法遂传于四明，而松溪为最著，曾一胜少林僧。夫松溪之术，至可以胜少林僧，其精妙可想而知。故《宁波府志》又谓：拳术有内家、外家之分，外家则少林为胜，其法主于搏人，而跳踉奋跃，或失之疏，故往往得为人所乘；内家则松溪之拳为正，其法主于御敌，非遇困厄不发，发则所当必靡，无隙可乘。故内家之术为尤善，其搏人必以其穴，有晕穴，有哑穴，有死穴。其敌人，相其穴而轻重击之，或死，或晕，或哑，无毫发爽者。其尤秘者则有敬、紧、径、勤、切五字诀，非入室弟子不以相授。盖此五字，不以为用而所以神其用，犹兵家之仁、信、智、勇、严云。然拳术是尚武精神之一端，而为武备上不可少之事。戚氏《纪效新书》论之详矣。其言曰：拳法似无预于大战之技，然活动手足，惯勤身体，此为初学入艺之门也，故存之以备一家。学拳要身法便利，手法活便，脚法轻固，进退得宜，腿可飞腾，而其妙也颠番倒插，而其猛也披擘横拳，而其快也活捉朝天，而其柔也知当斜闪。故择其拳之善者三十二，势势相承，遇敌制胜，变化无穷，微妙莫测，窈焉冥焉。人不得而窥者谓之神，俗云拳打，不知是迅雷不及掩耳。所谓不招不架，只是一下；犯了招架，就有十下。博学广记，多算而胜。古今拳家，宋太祖有三十二势长拳，又有六步拳、猴拳、囮拳，名势各有所称，而实大同小异，至今之温家七十二行拳、三十六合锁、二十四弃探马、八闪番、十二短，此亦善之善者也。吕红八下虽刚，未及绵张短打。山东李半天之腿，鹰爪王之拿，千跌张之跌，张伯敬之打，少林寺之棍，与青田棍法相兼。杨氏枪法与巴子拳棍，皆今之有名者。虽各有所长，各传有上而无下，有下而无上，就可取胜于人，此不过偏于一隅。若以各家拳法兼而习之，正如常山蛇阵法，击首则尾应，击尾则首应，击其身而首尾相应，此谓上下周全，无有不胜。大抵拳棍刀枪钗钯剑戟弓矢钩镰挨牌之类，莫不先由拳法，活动身手。观戚氏此言，知拳搏之关系于武备者甚大也。